# 弁証法の美学

## テオドール・リット最晩年の二つの記念講演から

テオドール・リット 著
小笠原道雄・山名淳 編纂訳

東信堂

# 編纂者　まえがき

本著は二十世紀の社会哲学や教育（哲）学の分野でヘーゲル（Georg Wilhelm Friedrich Hegel 一七七〇―一八三一）の弁証法を基底としながらもその個性的な弁証法的思考を通じて世界の思想界に大きな影響を与えたテオドール・リット（Theodor Litt 一八八〇―一九六二）の教育者・哲学者としての思想・理論・実践等の諸活動を最晩年におこなった二つの記念講演、すなわち、エルンスト・ロイター追悼講演：事物化した世界における自由な人間（一九五六年一月九日ベルリン自由大学マクシマム講堂において開催）並びにベルリン建築家並びに技術者協会第一〇四回シンケル記念式典祝賀記念講演：現代における生の力としての芸術と技術（一九五九年三月一三日ベルリン国際会議堂）を通じてリット弁証法の極致を解明するものである。

第一のエルンスト・ロイター（Ernst Reuter 一八八九―一九五三）というドイツの政治家で元・西

ベルリン市長もつとめた人物への追悼講演は主義・主張を超えた最晩年の人間リットの姿を余すところなく、如実に示している。

二十世紀西洋人名事典の解説によれば、エルンスト・ロイターは一九一二年社会民主党に入党、一九一六年ロシア戦線で捕虜となり、十月革命の影響下で共産主義者となり、一九二一年にはドイツ共産党書記長を務めるが、一九二二年ドイツ社会民主党へ復帰し、マグデブルク市長を経て、一九三五―四六年の間国会議員を務めるが、ヒットラーに罷免され、一九三五年イギリスへ亡命、アンカラ大学教授をへて、一九四七年ベルリン市長になり、東西ドイツ分裂後は、西ベルリン市長を務めた人物である。

教育学の分野からは語られることの少ない人物、エルンスト・ロイターへのリットの追悼講演こそ自由の精神に対する忠誠を喝破するリット最晩年の思想を表出する講演である。

第二のシンケル記念式典祝賀記念講演「現代における生の力としての芸術と技術」は、リットが終生関心を寄せてきた文化の自己批判としての『生の力』の根源として「芸術と技術」の関連をまさに現代の文化・芸術の根源的なものとして論及される。リット逝去の三年前、この専門家集団を前に行ったリット最晩年の記念講演からはリットが時代に対する鋭い批判ともいえる思想遍歴を重ねてきたその弁証法的思索が「**美学**」に昇華したように私には感じられる。本編纂訳書のタイトルを『**弁証法の美学**』とする所以である。

最初の本追悼講演のオリジナル稿は、一九五六年、ベルリンの市長・ロイター・財団(Burgermaister-Reuter-Stifung)によって八葉で編纂されている。第二のシンケル記念式典における記念講演のオリジナル稿は、凡例に示す通り、ベルリン建築家並びに技術科協会図書シリーズ第二号である。

両資料は、一九六〇年代広島大学教育哲学研究室に保存されていた写りの悪いコピーを復元して、今回本邦初訳として公表する。

なお、今回わが国の教育関係者、とりわけ、研究と教育の自由に関心を抱く学生・院生を対象にリットの全体像を俯瞰することを目的に日本版「人間テオドール リット」の入門として拙論「回想のテオドール リット ― 教育者・哲学者」を冒頭に掲げた。

二〇一九年八月三〇日

編纂訳者の一人

小笠原道雄

# 目次／弁証法の美学　テオドール・リット最晩年の二つの記念講演から

# 凡　例

一、本書に訳出した二編の論文の底本は、それぞれ次のとおりである。

Ⅰ　エルンスト・ロイター追悼講演「事物化した世界における自由な人間」＝ Theodor Litt: Der freie Mensch in der versachlichten Welt. Hartmann 1956, In: Hrsg. v. d. Burgermaister-Reuter-Stifung Berlin-Fridenau.

Ⅱ　ベルリン建築家並びに技術者協会 第一〇四回シンケル記念式典におけるテオドール・リット教授祝賀記念講演「現代における生の力としての芸術と技術」＝ Theodor Litt:Kunst und Technik als Machte des modernen Lebens. Festvortrag auf dem 104. Schinkelfest des Architekten- Verein zu Berlin, In:Schriftenreich des Architekten- und Ingenieur-Vereins zu Berlin.

二、テオドール・リットの二つの講演は、講演の性格から口語体を採用した。

三、改行等は講演者の文体やリズムを尊重しすべて原文に従った。

四、原文中の ” “ は鉤括弧（「　」）に変え原語を挿入した。

五、原文のイタリック体の字句には傍点を付した。

六、訳者が補った語句は〔　〕に入れた。

七、ドイツ語の Leben（レーベン）は生命、生活を含意するが「生」に統一した。

八、ドイツ語の Sach（ザッヘ）はリットにとって重要なタームであるが「事物」と訳出した。

九、シンケル記念式典祝賀講演のオリジナル版表紙には、シンケルの制作によるベルリン新宮殿橋（Neue Schlossbrücke in Berlin）の写真が掲載されているのでそれを第二論文の冒頭に表紙として掲載した。

# 弁証法の美学

## テオドール・リット最晩年の二つの記念講演から

訳者解説

# 回想のテオドール リット

## ――教育者・哲学者としての研究と教育の自由をめぐるその格闘

本「回想のテオドール リット――教育者・哲学者としての研究と教育の自由をめぐるその格闘」は、研究や教育の自由に関心を抱くわが国の学生・院生、さらには教育関係者を対象にその全体像を俯瞰することを目的に書かれている。できるだけリットと直接対面した人物の証言や論者自身の体験をもとに叙述することを心がけた、いわば、日本版「人間テオドール リット」の入門論である。

ただ論末のTh.リット著作資料に関する説明での教育（学）以外の書物の紹介はあくまでもリットの社会哲学思想や論理のわが国に及ぼした影響関係の事例的なもので必ずしも体系的な考察ではない。

事例的な代表者として（一）わが国を代表する倫理学者和辻哲郎（一八八九―一九六〇）の

一九三〇年代Th.リットへの抗論（二）カール・シュミットの「制度体保障」論でドイツの憲法学者R・スメントを介して社会認識の革新を一九二〇年代リットの弁証法に言及する公法学者（憲法学）の石川健治（一九六二―）、そして（三）文化社会学者の蔵内数太（一八九六―一九八八）である。蔵内はE・デュルケムの社会実在論と心理学的社会学者J・G・タルドの社会名目論を統合するものとしてTh.リットの〈遠近法主義的相互性〉による統合論に注目した社会学者である。

いずれも大変こみいった考察であるので、ここではTh.リットの社会哲学の直接・間接的な影響作用の例として読んでいただければ幸いである。

## Th.リットの略歴

テオドール・リット（Theodor Litt）は一八八〇年一二月二七日、ドイツ・デュッセルドルフにギムナジウム教師フェルディナント・リットの息子として生まれ、基礎学校修了後大学入学までの九年制中等教育機関である「ギムナジウム」を卒業後、一八九九年から一九〇四年までボン大学およびベルリン大学で古典語と歴史学を学び、一九〇四年ボン大学で哲学の学位を取得した。

論文は、ラテン語による『ウエリウス・フラックスとコルネーリウス・ラペオの暦に関する本について』全三四頁で、内容は、古代ローマの年中行事・公時等を記した暦本に関する研究である。リットの歴史研究への関心あるいは原点の一つとしてこの学位論文は注目されよう。

その後、十数年ケルンとボンのギムナジウム教師を務め、ギリシャ語、ラテン語および歴史を担当した。その傍ら、一九一七年プロイセン文部省の招集した〈大学における教育学促進委員会〉のメンバーとなり、翌一九一八年ベルリン文部省の員外職員となった。

一九一九年、リットは大学教授資格をとっていなかったが、ボン大学教育学員外教授に任命され、翌一九二〇年、Ed. シュプランガー（Spranger, 一八八二―一九六二）の後任として、ライプチヒ大学哲学・教育学正教授に就任した。最近の資料研究からはこの後任人事をめぐっては、当時のプロイセンにおけるギムナジウム改革にともなうギムナジウム卒業生の教育学教育の必要性等からシュプランガーが強力に推挙したことが明らかになっている。

しかし一九三一年一〇月三一日、慣例によっておこなわれたリットのライプチヒ大学総長就任講演：『大学と政治』は、大学が国家からの日常的な要請に対し内向きな体制であることに対する厳しい批判の表明であり、主体的で自律的な大学の伝統がナチズムの隆盛にともなって崩壊する状況下で学問の独立性を保持するため構成員にその責任を訴えるものであった。

ところが、ナチズム学生同盟は総長講演のリットの姿勢に対して大学正面にナチ党の記章である鉤十字の垂れ幕を掲げることを要求した。リットは断固拒否、許さなかった。結果として、リットは一日で大学を閉鎖しなければならなかった。

このように一九三一・三二年の総長時代、リットとナチズム学生同盟との軋轢は激化し、さらに、一九三六年リットが講演旅行のためウイーンに赴いた際、ナチズム学生同盟から講演停止の通知を受け、この体験後の一九三七年、リットは自ら教授職を辞し、以後、著作活動等を通じ、ナチズムの圧迫に抵抗し、一九四五年、再度ライプチヒ大学に復職するまで、終始自己の信念を枉げず清節をまもり通した。戦後刊行される多くの著作は不遇とも言えるこの時期に執筆されたものである。

退職直後の一九三八年、無謀ともいわれる中、リットは小冊子『ドイツ精神とキリスト教的精神』を刊行する。本著は、ナチズムのイデオロギー的主著であるA・ローゼンベルクの『二〇世紀の神話』に対する批判書である。このようにリットはナチズムの人種理論や民族の優越性等の主張を冷静にかつ学問的に精査し、反論し、それが若者に及ぼす影響についても論を展開し、教育者としての態度を矜持している。

## Th.リットのナチズムとマルクス主義理念に対する抵抗

一般にリットは、ドイツに特有な教養層出身のリベラリルな人物と評価されている。他方、ライプチヒ大学総長時期のナチズム学生同盟との激しい対立・抗争からは気質の激しい一面も伺われる。ライプチヒ大学時代のかつての同僚であった解釈学の大家、H・G・ガダマーはその著『哲学修業時代』（一九七七）のなかで、Th.リットの素顔について言及している。

「ライプチヒの哲学は，特殊な状況に立ち至っていた。テオドール・リットは政治的理由から退職させられ、一私人として生活していた。…ゲーレンの後任として私はいきなりにただひとり、よるべもなく佇んでいたのである。」

もう一つ戦後の実例。「弁舌の才に恵まれたテオドール・リットは、マルクス主義理念の批判も惜しまないその講義で大好評を博し、そのためロシア当局はついに彼を停職に処した。私はびっくりした。ナチの二の舞ではないか。同じことの再来。」「それは新しく獲得した研究と教育の自由に対する信頼をすべてぶちこわさずにはいなかった。」そこで総長のガダマーはロシア当局の最高責任者と交渉に出かける。素晴らしい通訳の介在によって「ロシア側は折れ――『あなたが責任をもちますね』――というものであった。」

このガダマーとロシア当局の交渉の「あなたが責任をもちますね――」という文言の背景には、第二次大戦後の一九四五年、リットはライプチヒ大学から請われて復職し、荒廃した大学の再建に尽力し、大学の『復興計画案』まで作成するが、研究と学問の自由を基本とするリットの姿勢が占領軍のソヴィエト的全体主義の施策とは全く相容れず、ここでも多くの軋轢を生むことになった事柄を指している。

リットにとってナチズムとソヴィエト的全体主義＝マルクス主義は同根という歴史認識であった。

これらナチズムとマルクス主義との軋轢・抗争をへて、一九四七年、Th.リットは旧西ドイツ・ボン大学の要請を受け故郷に帰還し、哲学と教育学を講義することになる。制度面では現在のボン大学教育科学研究所創設の基礎を築いた。

一九五二年、リットはボン大学を退職する。しかしながらその後も大学で「哲学」を講義し、さらには大学主催の公開講座等で多くの聴衆を集め講演を続けた。

今回、本編纂訳書に収録した二つの記念講演は、大学主催の公開講座とは性質の異なる専門性の高い学術団体が主催するリット最晩年の講演である。一つ目は、一九五六年一月、ベルリン自由大学において開催されたエルンスト・ロイター（Ernst Reuter, 一八八九―一九五三、元西ドイツ市長）追悼講演：「事物化した世界における自由な人間」、二つ目は、一九五九年三月、ベルリン建築家・技術者協会第一〇四回シンケル記念式典における記念講演でシンケル（Schinkel, 一七八一―一八四二）という一八世紀ドイツの新古典主義を代表する建築家を記念して創設されたこの伝統ある協会での記念講演：「現代における生の力としての芸術と技術」である。その内容は、まさにリットが最晩年に到達したリット弁証法理論の〈美学〉といってもよい内容である。特に前者のエルンスト・ロイター追悼講演は、わが国は無論のこと、ドイツ本国でも見落とされ、論究されることのなかった晩年のTh.リット像を提示す貴重な資料である。

## Th.リットの人間像――リットと直接あって対話した人の証言から

わが国の教育哲学会を創設した稲富榮次郎（一八九七―一九七五）は、渡独中の一九五三年六月三日、リットの「ドイツ大学とギムナジウム」と題する約一時間半にわたる講演を約五〇〇人の聴衆とともに聴いている。さらに、六月一六日にはリットの講義を聴きに出かけている。リットは「授業のベルがなると、途端に入口のドアをあけて入って来た。六尺豊かな偉丈夫で度のきつい眼鏡の奥から、温和にして鋭い眼が光っているのが印象的だった。」稲富のなんという洞察力か！続いて「講義は『自然科学的認識について』という題目の下に行われ、内容は歴史と自然との差異に関する、新カント学派的解釈を基礎としたもので、別に目新しいものとは思われなかった。しかしノートも参考書も持たず、文字通りの手ぶらで、カント、ヘーゲル、ジムメル、ディルタイなどを縦横に引用して一時間ぶっとうしにしゃべり続けるその博学と精力とには全く感服せざるをえなかった。」この稲富の記述から私たちはドイツの教授の講義の手法の一端を知ることが出来る。一般に、ドイツの大学での講義は、自己の立場を明確に示して対象人物の学説を徹底的に精査し、賛同する場合は、最後に、自分がその後継者であり、反対の場合は、ドイツ大学の「神聖なる野蛮」とも言われるように、同僚や対立者を徹底的に攻撃し駆逐するのである。ただし攻撃は個々の人格には決して及ばないという鉄則である。どこかの国の大学人のような個人的な風評による人物中傷とは異なる。

最後に稲富は、リットに会って質問したい事項を十一項目程用意してそれに従い話しを進めている。リットの回答を要約すれば、(一) アメリカの教育学は、心理学と社会学を基礎とした経験的技術学であって、これに対してわれわれドイツの教育学者は精神科学的立場で、賛成できないこと。(二) リットの思想に最も大きな影響を及ぼしたものはディルタイ、ジムメル、トレルチの三人であり、カント、フイヒテ、ヘーゲルなどドイツ観念論の哲学からも決定的に影響されたこと。(三) 同じような立場で教育の問題を探究しているものは、リットの外に、シュプランガー、フリットナー、ヴェーニーガー、ノールの四人であること。(四) 当時ヘーゲルに関する著作を公にしたことに関しての見解として、ヘーゲルの哲学はそのすべてが今日その生命を有するとはいうことができないが、しかしその中にも今もなお妥当する見解がないわけでないこと。（五）最後に、現在の世界的危機において、教育学の課題は「この危機的時代を克服することこそ教育学の使命である」と即答したことである。

第二次大戦後の一九五〇年代という早い時期におけるこの稲富の証言は、リットの〈生の声〉としてきわめて重要と考えて紹介した。稲富は「リットがドイツの二〇世紀における秀れた哲学者であり、ドイツ観念論哲学の一齣を飾る大きな存在であったことは否定できない」と結んでいる。（稲富栄次郎「リット教授の想い出」所収：『教育哲学研究』第八号、一九六三、一二一―一二三頁）

なお、戦前の一九二〇年代に直接Th.リットのもとで指導をうけた人物として戦後広島文理科大学で学長を務め『原爆の子』を編纂した長田新（一八八七―一九六一）がいる。その著『独逸だより再遊記』（一九三二）に「リット教授のこと」の一文を収録している。その他、旧東京帝国大学の入澤宗壽もこの時代ライプチヒ大学でリットと会見しているし、著書『教育哲学』（一九四二）においてリットに言及している。一九二二―二四年ライプチヒ大学に留学した心理学者城戸幡太郎がリットと会見したか否かは不明である。

リットと日本人との関連といった点では、二人の留学生がドクトラントとしてライプチヒ大学でリットの指導を受け、一九二五年三月二三日 Ryukzo Nitta がそして一九三二年三月二七日 Itsuaki Hatsukade が学位論文を取得している。両者共に、当時の大谷大学出身の仏教徒である。(vgl., Yoichi KIUCHI; Begenung der Buddhisten mit Litt-Zwei Japanische Mönch als Promovenden in Leipzig). In: Theodor-Litt-Jahrbuch. Leipzig (Leipziger Universitätsverlag)2012/8).

## Th.リットの思想——日本語文献を中心として

一人の偉大な人物の全体像を捉えることは極めて困難なことだ。

一九九八年刊行の『岩波哲学・思想事典』では、リットは「現象学的社会学」の項目の中で、一九二〇年代、前・中期フッサール現象学に影響を受けた人物として記されているし、「陶冶・教養」(ドイツ語のビルドゥング)の項目では、一八世紀後半の「ドイツ新人文主義」思潮の概念であるヘーゲル哲学の重要な術語とされるこのヘーゲルの陶冶概念を教育理論のなかに生かそうという現代の試みがリットなどであると説明されている。

したがって、われわれはリットの思想を一八世紀後半のヘーゲル哲学の特殊ドイツ的な「陶冶・

教養」という「人間形成(ビルドウング)」論として把握すると同時に、前・中期エドムント・フッサールの超越論的現象学にみられるヨーロッパの危機意識にも目配りする必要のある思想と理解する。

他方、一九六二年、理想社刊行の『教育人名事典』では、わが国のリット研究の第一人者である杉谷雅文が「全体観としての教育学」として次の様に解説している。「リットの教育学が現代の教育学界でもつ意味は、その体系的・組織的な点と、鋭く深い論理的な組み立てによって、教育活動を真に具体的・全体的なものに近づけたことにある。」としている。すなわち、教育学は主観と客観、個人と社会、身体と精神、存在と当為、作用と内容、体験と表現、表現と理解、素質と環境、時間と永遠などという、諸契機の分裂、闘争、これらが互いに調和と統一とを目指して止むことなく前進し変化する社会と歴史、生命と論理との如実の姿としてとらえ、そこから真に具体的な全体的な人間の形成を意図する教育学。これがリット教育学の一大特色である。」と説く。その論理の中心に弁証法があり、ヘーゲル哲学、ジンメルの生命哲学が力強く生きているとして、その影響関係を述べている。

この杉谷による理想社刊行『教育人名事典』（一九六二）の項目「リット」は、杉谷の学位論文『現代哲学と教育学』（一九五四、柳原書店）によって詳論され、わが国におけるTh.リット研究の最高峰をなすものである。同時に杉谷は、リット教育学研究への導入を促すために、特に、学生・院生を意識して、西洋教育史シリーズ一三『リット』（一九五六、牧書房）も刊行している。そして杉谷は、教育哲学会編『教育哲学研究』第八号（一九六三）の故テオドール・リット博士追悼特集で「リットの現代教育学に対する貢献」のタイトルで「八十二年の永い生涯において、新カント学派、生命哲学、現象学、弁証法、実存哲学などの広い学問的巡礼をしつづけて、ドイツや他の国々に大きな影響を与えたリットも今やあの世にあって、高い所から地上を見下ろし、そこに彼の残した業績を人類共通の共同遺産と見なし、もはや『それは私のものだ』、などとは言わず、神と共にほほえんでおるのではあるまいか。」と結んでいる。印象深く忘れ難い一文である。

## 最晩年のTh.リット

すでに言及したように、一九四七年、ボン大学への帰還後のリットは、ドイツ連邦における哲学、教育学の重鎮として公的機関とも関わり、また科学、芸術、文化、教育等の各専門分野からの依頼による学会、研究集会等で基調講演を数多くおこなっている。それらの功績によって、一九五四年には「学術功労賞」を受賞、また一九五五年七五歳の誕生日には西ドイツ大統領からドイツ復興に功績のあった者に与えられる「星十字大功労賞」プール・ル・メリット学術勲章を授章した。この勲章はわが国の文化勲章に匹敵する学術功労賞で、その受賞者は同時にその受賞者で構成される会、すなわち、一八四二年、ヴィルヘルム四世によって制定され、一九五二年ドイツ政府によって新たに承認されたドイツ人三〇名、外国人三〇人を定員として、会員が死亡した場合にのみ推薦よって補充されるという会の会員に推挙される。

驚くことはこの受賞記念講演のTh.リットの講演内容である。

その講演タイトルは「科学の公的責任」であるが、予断を許さない緊張感のある、かつ雅文ともいえる文体で、講演内容も改めてわれわれに人文学の本道を示すものと感服させるに十分な講演である。（テオドール・リット著 小笠原道雄・野平慎二／編訳『科学の公的責任―科学者と私たちに問われていること』東信堂、二〇一五年を参照されたい。）

## Th.リットの主要著作

――本著作目録はリットのボン大学時代の弟子F・ニコーリンが作成した二つの著作目録を、ボン大学に留学した鈴木兼三 跡見短期大学講師（当時）が作成した「故 テオドール・リット博士 略歴および著作目録」を参考にして作成したものである。（所収：教育哲学会編『教育哲学研究』第八号 一九六三、巻末から七―二九頁参照）

その著作目録からは単行本五三冊、論文・論説・講演二〇八点があげられる。ただこのような著作中心の紹介ではなかなか「人間リット」が見えてこない憾みがあるが、ここでは主著と邦訳書を中心に邦文名で挙げる。

『歴史と生』［一九一八］（注意すべきは、リットは改訂版を出版する度に増補し、副題も変える場合がある。リット自身一九三〇年刊行の本著第三版を読むように指示している。）

『個人と社会』［一九二六］（本著についても一九二六年刊行の増補・第三版を指示。）

『近代倫理史』［一九二六］関雅美訳『近代倫理史』一九五六、未来社。

Th. Litt『教育学の可能性と限界』Teubner, 1927.

Th. Litt『指導か放任か―教育学的根本問題の討議』Teubner, 1927. 1931 最終改訂版に副題「教育学的思考の本質」を挿入。

『指導か放任か』〔一九二七〕石原鉄雄訳『教育の根本問題』一九七一、明治図書。

『科学・教養・世界観』〔一九二八〕石原鉄雄訳『科学・教養・世界観』一九五四、関書院。

『歴史と生』〔一九三〇〕小笠原道雄・野平慎二/編訳「現代を歴史的に理解する」所収:『歴史と責任―科学者は歴史にどう責任をとるか』二〇一六、三―六五頁、東信堂。

Th. Litt『カントとヘルダー』Quell v. Meyer, 1930.

Th. Litt『哲学入門』Teubner, 1933.

Th. Litt『人間の自己認識』Leipzig: Meiner, 1938.

Th. Litt『ドイツ精神とキリスト教』Leipzig: Klotz, 1938.

Th. Litt『プロテスタントの歴史意識』Leipzig: Klotz, 1939.

Th. Litt『精神科学的認識の構成における普遍的なもの』Leipzig: Hirzel, 1941.

Th. Litt『J・G・ヘルダーによる歴史意識の解放』Leipzig: Seemann, 1942.

Th. Litt『国家権力と人倫性』München: Erasmus Verlag, 1948.
Th. Litt『歴史的思考の正路と邪道』München: Piper, 1948.
Th. Litt『人間と世界』München: Frderman, 1948.
Th. Litt『思惟と存在』Stuttgart(bzw.) Zurich: Hirzel, 1948.
Th. Litt『ヘーゲル ― 批判的復興の試み』Heiderberg: Quelle u. Meyer, 1952.
Th. Litt『自然科学と人間陶冶』Heidelberg: Quell u. Meyer, 1957.
Th. Litt『生けるペスタロッチー』Heidelberg: Quelle u. Meyer, 1952.
杉谷雅文・柴谷久雄訳『生けるペスタロッチー』一九六〇、理想社。
Th. Litt『ドイツ古典主義の陶冶理念と現代の労働世界』Bonn: Heimatdien, 1955.
荒井武・前田幹訳『現代社会と教育の理念』一九八八、福村出版。（翻訳書は改訂第六版（一九五九）による）
Th. Litt『歴史的意識の再覚醒』Heiderberg: Quell u Meyer, 1956.
Th. Litt『技術的思考と人間陶冶』Heiderberg: Quell u. Meyer, 1957.
小笠原道雄訳『技術的思考と人間陶冶』一九九六、玉川大学出版部。

Th. Litt『東西対立に照らした科学と人間陶冶』Heiderberg: Quelle u. M. 1958.
小笠原道雄・野平慎二／編訳書『科学の公的責任』二〇一五、東信堂（原著二版（一九五九）の二二八―二六二頁を訳出したものである。）
Th. Litt『職業陶冶―専門陶冶―人間陶冶』Bonn: Bundesheimatdienst, 1958.
Th. Litt『現代における生の力としての芸術と技術』一九五九。（すでに言及したように本著は一九五九年三月一三日開催された第一〇四回シンケル協会記念講演であり本邦初訳である。）
Th. Litt『自由と生の秩序―民主主義の哲学と教育学について』Heiderberg; Q. u. M. 1962.

その他、Th.リットにはレクラム版ヘーゲル著『歴史哲学』に長文の序文「ヘーゲルの歴史哲学」を執筆している。

これら主要な著作のタイトルからもわかるように、リットの学問研究の中心テーマの一つは歴史学および歴史哲学であったと言ってよい。近代の歴史学の開祖ともいわれるJ・G・ヘルダー（一七四四―一八〇三）、ドイツ観念論や歴史哲学の完成者とされるG・W・F・ヘーゲル（一七七〇―一八三一）、近代精神史研究の第一人者と称されるW・ディルタイ（一八三三―一九一一）、現代の歴史哲学を基礎づけたH・リッケルト（一八六三―一九三六）、さらには名著『歴史主義とその諸問題』で地上と天上の文化を総合する歴史学を説いたE・トレルチ（一八六五―一九二三）等、リットは広く、豊かに研究した。これら豊かな深い歴史的感覚と歴史意識とが、リットの著作、論文に貫かれている。

リットの学問研究のもう一つの中心テーマも、これら歴史学および歴史哲学に基礎づけられ、方向づけられた教育学、すなわち「人間陶冶（人間形成）」の学である。すでに言及し叙勲記念講演「科学の公的責任」も今回のシンケル記念講演「現代における生の力としての芸術と技術」もまた然りである。

最後に二、三、私のリット体験（学会や記念大会でのリット関係者との出会いや対話を含む）やリットへの追憶を述べて「回想のテオドール・リット」を結びたい。

一九八〇年、リットの後任者であるヨーゼフ・デルボラフ（Josef Dervolav）、ボン大学教授のもとでフンボルト財団による二度目の長期研究員の機会をえた。丁度その年は、リット生誕百年の記念の年ということもあつて、デルボラフ教授は冬学期で「テオドール・リットの哲学と教育学」のゼミナールを行い、私もそのゼミに参加した。この間の一二月五・六日の両日、リット生誕百年祭がボン大学で盛大に行われた。それにも教授のご好意で出席させていただいた。その折、リットのご長男、ヴァルター・ルドルフ・リット氏（当時、ノルトライン・ヴェストファーレン州文部次官）が父、リットについて語った言葉が忘れがたい。父リットがギムナジウムの教師として古典語を教えていたある日、教室が急に静かになって気がついて生徒の席の方を見ると、生徒の姿がほとんど教室からきえていたこと、そして、リットが大のワイン愛好家で、その上、相当の皮肉屋だったこと等、実例を挙げて、父人間リットについて語られたことである。同時に、ナチ時代わが家庭は崩壊の危機にあったこと等も淡々と語られた。リットは一九一〇年結婚し、一人の娘と二人の子息という家族構成であるが、長女が一九三〇年ナチ女子親衛隊に入り、大学総長のリットと激しく対立していたからである。ヒットラー体制下の一九三〇年、長女は焼死体で発見されたと聞いている。

リット家族との出会いということでは、二〇〇九年一〇月、ライプチヒ大学テオドール・リット・国際会議で、八五歳のレナーテ・リット夫人（Frau Renate Litt）と隣席し、親しくお話ができたことである。主人リットのピアノ演奏が素晴らしいこと。一九二〇年代には同僚でノーベル物理学賞を受賞したW・ハイゼンベルクと家庭音楽会を自宅で興じたこと等々。その音楽的才能を長男ルドルフが受け継いだが、第二次大戦の戦地で負傷しその道を歩めなかったこと。さらにはリットが、風刺画（カリカチュア）の名手であったこと等をおおらかに語られた。

国際会議で忘れられない体験がある。東西ドイツ再統一後の一九九〇年一〇月、テオドール・リット・協会がライプチヒ大学に設立され、国際会議が開催されるようになったが、翌年の第二回会議に私は初めて出席した。

一九八一年以来、渡独の折にはボン大学でデルボラフ教授そしてマールブルク大学のW・クラフキ教授を尋ね研究指導を受けていたが、第二回会議でクラフキ教授と出会うことになる。会場の大学本部棟がわからず、右往左往、開会直前のライプチヒ大学の大講堂に入ると、突然、クラフキ教授がまるで慈父のように大声で〈広島の地からこんな遠いライプチヒまで来たのか！〉と叫び、私を抱きしめてくれた。同時に、ボン大学のR・ラサーン教授からも握手を求められた。

主催者・参加者の方々も皆さん拍手で迎えてくれた。昼食時にはクラフキ教授の案内で近くの荒れはてたライプチヒ大学学生食堂でザウアークラフト〔ドイツの漬物〕とヴルスト〔ソーセージ〕をとり、二時間程度懇談した。テーマはTh.リットとナチズム問題であった。

W・クラフキ・マールブルク大学教授（一九二七―二〇一七）も一九五二―五七年の大学院生の期間、ボン大学で合計四学期、直接リットから指導を受け、その後、一九八二年には四九九頁という浩瀚な研究書『テオドール・リットの教育学――批判的回想』を刊行している。本書には「回想のテオドール リット（一八八〇―一九六二）」という献辞が記され、師リットへの想いが偲ばれる。本書からも、W・クラフキがボン大学で直接リットのゼミナールに出席していた当時の雰囲気が読み取れるのである。

一九八九年一〇月には三週間、日本学術振興会とドイツ学術交流会（DAAD）の支援を受けて、ご夫妻を日本に招待し、教育哲学会や各地の大学での講演をいただき大変な反響があった。その来日講演録『教育・人間性・民主主義』（玉川大学出版部一九九二）の第九章「精神科学的教育学の国家社会主義（ナチズム）との関わり」からは、W・クラフキ教授が保守主義的な立場であるリットのナチズムに対する評価がきわめて慎重かつ冷静な立場であるとの印象をうける。保守的な立場での抵抗運動を遂行する中心的人物ライプチヒ市長C・ゲルデラー（一八八四―一九四五、二、二刑死）とTh.リットとの親交の度合いが不明な時期での叙述で止むを得ない面もあろう。手元にある浩瀚なP・ホフマン（Hoffmann）著『カール ゲルデラー ――ユダヤ人迫害に抗して』（Boehlau Verlag）が刊行されたのは二〇一三年である。

「テオドール・リット・国際シンポジウム」に話しを戻そう。

一九九七年九月、ライプチヒ大学教育科学部二階の一室にある「テオドール・リット・研究所」は、Th.リットに関する著作を含む遺品のすべてをご遺族のご意向で寄贈を受けた。これを受けてライプチヒ大学当局は、大学外人局を中心に、哲学を含む文化・教育の振興をはかるために「精神科学研究施設」を構想する。何分にも、一四〇九年創立のライプチヒ大学は一九二〇・三〇年代ベルリン大学と共に世界における研究・教育のメッカであった。「人文学」研究分野の中心には若いTh.リット、解釈学の巨匠H・G・ガダーマー、W・ハイゼンベルク（ハイゼンベルクはカント研究者でもあった）らが激動の時代を透徹した思想と理論によって探求した。これらの伝統の上に立って大学はライプチヒ大学古文書館にTh.リットの草稿の講義資料を含む全ての遺稿を収納し完備した。こうして一九九七年「精神科学的教育学の研究並びにその育成のためのリット協会」の設立によりライプチヒ大学テオドール・リット協会は創設されたのである。

この協会を中心にして、毎年「テオドール・リット・国際シンポジウム」が開催されることになった。

第二回以降、私は毎年ライプチヒ大学で開催される「テオドール・リット・国際シンポジウム」の主催側から招待を受け、日本での勤務機関の都合が許せば参加し、テーマによってはドイツ語での講演も引き受けてきた。

なかでも最も強い印象を受けたのは、二〇一一年三月一一日の東日本大震災を受けて開催されて第一五回大会が、一九五七年のTh.リットの言辞『原子力時代——自然科学と技術の極大値。最高値の責任』をテーマにして開催されたことである。

ご承知のように、東日本大震災時の東京電力福島第一原発事故は、六〇年代以降、国、地域、電力関係機関は無論のこと、メディアまでもが、原発の「安全神話」を強力に宣伝し形成してきたのである。

リット国際シンポジウムの主催者からは「広島、長崎という世界で最初の原爆の大惨事を体験した国民が福島で三度体験するとは！」と悲痛な叫びが寄せられた。即刻ドイツは国内の原子力発電を廃止し、電力を代替エネルギーによることに舵をきった。

このように一九五七年のリットの提言はドイツの脱原発思想の源流ともなったのである。さらにリットの提言は続く。「核エネルギーは経済的問題、政治的問題として解決出来る問題ではなく、位相の異なる倫理的問題として、〝人類に対する責任〟という観点から考察し、対応しなければならない」と。

テオドール・リットの提言は、約六十年の時を経て、今日広島に生きる教育者や科学者に、さらには、『自由』と『平和』を希求する日本国民にも訴えかけている。

二〇一二年七月一六―一七日の両日、ボン大学、ライプチヒ大学そしてドイツ連邦政府中央政治局の共同主催でTh.リット没後五十年を記念して、母校ボン大学で第一六回テオドール・リット・シンポジウムが開催された。海外の九カ国からの参加者を含め百名程度の参加者を得て盛会で実り豊かなものであった。今回私は、主催者から「日本の教育哲学会を代表して参加された」と紹介され、主賓として最前列の中央に座らされた。また、大会初日の夕食時には慣例に従い『テオドール・リット年報二〇一二』が参加者に配布され、そこに寄稿した拙論『原子力時代』の現代的理解と日本の教育哲学者長田新の行動――テオドルリッットとの比較」が紹介され、日・独の比較研究によって「リット研究の領域で新たな一頁を開いた」との過分な評価を受けた。

このように私はTh.リット の生誕百年、さらに没後五十周年記念と二度にわたる記念の国際集会に参加でき、その僥倖に感謝している。

Th.リットのナチズムに対する「抵抗」については、すでに記述したように保守派抵抗組織の中心人物、ライプチヒ市長カール・ゲルデラー（一八八四―一九四五、刑死）との親交や接触に関する貴重な二冊の著作がある。Gerhard Ritter,Carl Goerder und die Deutsch Wiederstandsbewegung, Deusche Verlags-Anstalt Stuttgart,1995. Peter Hoffmann,Carl Goerder gegen die Verfolgung der Juden,Boehlau Verlag Koln 2013.

今後これらの資料を解読することによって本格的な保守派抵抗運動の実態が解明されることが期待される。

最後に、今日ライプチヒ新市役所正面入口前に市民によって設置されたカール・フリードリヒ・ゲルデラー記念碑について言及して本稿を結びたい。

丁度市役所正面の市長執務室の三階窓から俯瞰されるこの小さな円筒型のデンクマールは、円筒に書き込まれた多くの文言からわれわれに逮捕直前のゲルデラーの心象風景を追憶させる。ここは言葉を失うほどの静寂な空間である。

## 日本語によるTh. リットの文献

〔論文中に表記のものは除く〕


村上俊亮／海後宗臣共著『リットの文化哲学と教育学』一九二八、目黒書店。

宮野安治著『リットの人間学と教育学――人間と自然の関係を巡って』二〇〇六、渓水社。

宮野安治著『政治教育と民主主義』――リット政治教育思想の研究』二〇一四、知泉書院。

西方守著『リットの教育哲学』二〇〇六、専修大学出版局。

村上俊亮論「リットの哲学と文化教育学」教育思潮研究会編『教育思潮研究』第一巻第一編目黒書店、一九二七、八八―九五頁。
竹井彌七郎論「テオドル・リットの教育学と文化教育学」教育思潮研究会『教育思潮研究』第一巻第一篇、一九二七目黒書店、九五―一一六頁。
ライニッシュ編 田中元訳「リット 歴史の意味の自己特殊化」所収:『歴史とは何か――歴史の意味――』一九六七、理想社、八六―一〇八頁。
西 勇論「リットにおけるパースペクティヴィズム（Perspektivismus）の成立――ライプニッツとの関連をめぐって――」教育哲学会編『教育哲学研究』第二五号、一九七二、一八―三四頁。
新井 保幸論「リットのナチズム批判」教育哲学会編『教育哲学研究』第四六号（一九八二）、一一一五頁。
宮野安治論「リット政治教育思想の研究（VII）――共産主義と自由の問題――」、『大阪教育大学紀要 第IV部門』第六一巻、第一号、二〇一二、九月、二七一―二八四頁。

教育（哲）学関係以外の学問分野で言及されている日本（語）でのTh.リット論

一、わが国を代表する倫理学者であり哲学者・思想家の一人である和辻哲郎のTh.リットに関する抗論。

和辻哲郎は論文「カントにおける『人格』と『人類性』」の八「人格と人類性」(所収:『和辻哲郎全集第七巻』岩波書店(一九六二))においてTh.リットに言及し、現象学の立場から「個人と社会」の問題を根本的に解こうとしたテオドル・リットの企ては、「すこぶる異色あるものということができるが、まさにそのゆえに、人間存在の考察が自我意識を出発点とすべきでないという我々の主張は、彼において顕著な逆証を見いだすことができるのである。」とし、リットの伝統的なデカルト的な人間の社会的個人的な二重性格の試みは「きわめて見事に失敗している」と断罪している。(三九二頁)

他方、リットの現象学的自我から出発して、次に時間や歴史を体験自我のひとつを中心において「遠近法的に統一される『体験全体』にその一契機」が属するとしたことは、「全体と契機との関係が正しく適用されている」と認めてよいとしている。しかしながら、和辻は「体験全体がいかに現象学的に明らかにされ得たとしても、それは我々の意識圏を超えた全体について何の寄与するところもない。」と判断し、「しかるにリットはこの限界を認めようとはしないのである。」

と結論している。（三九六頁）

このように和辻とリットとの論点の核心は、「知」（Wissen）と「有」（Sein）との関係の問題を巡る本質的な論へ展開する。そこからリットの「全体と個との弁証法的関係」の吟味が必要とされ、さらには、個人的・社会的という人間存在の「二重性格」の解明への「正しい緒が存する」と和辻は結ぶ。われわれは、和辻が昭和十年『思想』に執筆した本論から日本における当時のリット解釈とその評価の一面を伺うことができる。

二、石川健治著『自由と特権の距離――カール・シュミット「制度体保障」論・再考――』（増補版、二〇〇七、日本評論社）

本書は副題に示されている通りカール・シュミット論であり、直接Th.リットを扱ったものではない。周知のように、カール・シュミット（Carl Schmitt 一八八八―一九八五）は、二〇世紀ドイツの思想家、法学者、政治学者、哲学者で、とりわけ、法哲学や政治哲学の分野で大きな功績を残した人物である。政治学に疎いわれわれにも「敵・味方」概念の提示者としてその名は知られている。

シュミットはベルリン大学等で学び、ボン大学、ケルン大学で教授を歴任し、ナチス政権が成立した一九三三年から一九四五年まで、ベルリン大学教授を務めた。一九三三年からナチスに協力し、ナチスの法学理論を支えた。だがナチス政権の成立前の一九三六年に共産主義者と国家社会主義者（ナチ）を内部の敵として批判したことなどで失脚している。第二次世界大戦後逮捕され、ニュルンベルク裁判で尋問を受けたが、不起訴となった。

このシュミットの来歴からみると、Th.リットとの交点は何処に存するのであろうか。そこには錯綜した近代ドイツ大学の〈学問の自由〉〈教育・研究の自治〉成立の歴史が背景として存在する。石川は制度的保障における制度の一つの欠落として職業官僚制の保障の問題から論を展開する。一般的な教科書で引用されているのは、シュミットによる制度的保障を「真正の例」とし、何故かその精査を回避し続けてきたという。（五頁序）

石川は本著II A〈制度〉の文法のB公法上の制度体　一「ドイツ的大学」と大学人の項（一一四頁）で教育学者F・パウルゼン（Paulsen 一八四六―一九〇八）における「ドイツ型の大学」、スメント（R.Smend）による「ドイツ的大学」の精神史的考察――大学の基本権、シュミットとスメント――制度体保障による対応を取り上げ論究する。当然論究の支柱は制度体保障であるが、その保障に大学の基本権として「ドイツ的大学の精神史的考察」がなされ、〈精神科学の特殊ドイツ的意義と今日的可能性〉が吟味されることになる。

石川によれば、大学における基本権論上の焦点は〈教授の自由〉であるが、教育史家のF・パウルゼン（一八四六―一九〇八）が説く〈教授の自由〉論は法解釈論に決定的な影響を及ぼすことがなかったという。（一一六頁）

石川の判断では、この状況を大きく変えたのは「自由な意見表明の権利」をテーマとしてミュンヘンで行われた一九二七年三月末のドイツ国法学者大会であった。」（一一六頁）

R・スメントは従来の実証主義公法学の形式性を批判し、憲法条文の含蓄を汲み尽くすために の精神史的考察（精神科学的方法）の有効性を強調するとともに…「教授の自由」を主たる考察対象に据えた。」（一一六頁）この精神史的考察こそ特殊ドイツ的方法論として、一九二〇年代以降W・ディルタイ（Dilthey）の「精神科学的教育学」の名称で世界の教育学研究を席巻するのである。このR・スメントの提言に刺激を受けながら、W・ディルタイの〈生〉の哲学、意識の社会的な規定性を説くG・ジンメル（Simmel）の哲学・社会学からの理論的な影響を受け、それらをヘーゲルの弁証法を基礎に「個人と社会」の根本的な問題を論究したのがTh.リットであった。Th.リットの『個人と社会』(Individuum und Gemain-schaft Grundfragen der sozialen Theorie und Ethik) の初版が刊行されたのは一九一九年であった。しかし一九二四年の第二版では全面改訂されサブタイトルも変更して「文化哲学の基礎」とされ、さらに推敲されて一九二六年現在の版として普及するのである。リット自身も本一九二六版を利用するよう注意をうながしている。

最後に、わが国で〈現象学的・文化社会構造論〉とも考えられるTh.リットの〈遠近法主義的相互性〉理論を援用して、社会的交渉の諸形態を明らかにしようとした社会学者蔵内数太(一八九六—一九八八)を紹介しておく。

蔵内は一九二〇年代のドイツの社会学者マックス・シェーラの知識社会学に影響を受けた文化社会学者であるが、同時に、フランスの社会実在論(デュルケム)と社会名目論(J・G・タルド)の対立を、Th.リットの〈遠近法主義的相互性〉の方法によって社会的交渉の諸形態による統合論に注目した社会学者である。(項目:「重層的社会—深さの社会学」所収:北川隆吉監修『現代社会学辞典』有信堂一九八四、四九四頁 参照)。なお、蔵内には『文化社会学』培風館 一九四三年がある。

# リット　講演

# I 事物化した世界における自由な人間

## エルンスト・ロイター追悼講演

一九五六年一月九日ベルリン自由大学マクシマム講堂において開催されたテオドール・リット教授（ボン大学）の講演

親愛なるハンナ・ロイター夫人、親愛なる学長閣下、またご参席の皆様！

今宵、本会場の白壁にエルンスト・ロイター氏の姿を思い浮かべ、またそのお声に触れるかのような思いに浸ることができること〔＝本講演の機会を与えられること〕（〔〕内は訳者による補足）をお知らせいただきましたとき、私の眼前には、ロイター氏に初めてお目にかかりましたとき（それはまた最後にお目にかかったときでもあったのですが）の様子が、まるで手に取ることができるような鮮やかさで浮かんでまいりました。ロイター氏がご逝去なさるわずか二ヶ月前、一九五三年七月のことでした。当時、ハンブルクにおける文化の自由に関する会議がある国際会合を開催しておりました。この国際会合で掲げられましたのは、「自由と科学」というテーマでした。このテーマ設定は、ドイツの学者に対して、何よりもまず真の良心ある研究を行うことを求めるものでした。ロイター氏に要請されたのは、ドイツの科学が第三帝国の時代に脅かされたとき、自由の精神に対する忠誠が維持され続けたかどうか、またそうであるとすればいかにしてであったのか、という問いかけでした。エルンスト・ロイター氏は、会議の二日目に議長を務められました。ロイター氏はまた、三日間にわたる話し合いの総括を行う一団の一人として、市役所において開催されました祝賀色の濃い最終会議にも参席していらっしゃいました。そのような機会に、私はロイター氏との個人的な繋がりをすぐに結ぶことができました。もっとも、ロイター氏と先に述べたテーマを前面に押し出すそのような行事との繋がりは、いずれにしてもなおきわめて表面的で偶然なものであった、とお考えの方もいらっしゃるかもしれません。しかし、そのようにお考えであるとすれば、当時の状況は根本的に誤解されているといえるでしょう。

ロイター氏がハンブルクの会議にご出席になったという事実がすでに同会議の進行にとって重要な貢献をなしていた、ということが実際の状況でした。話し合いを通じて明らかになったことは、ロイター氏のような人物が真に象徴的な意味となって初めて議論されうるようなある種の根本問題が検討されるに至った、ということです。このことに関する重要点を示すために、端的にその概略を示すことにいたしましょう。本会議が「科学と自由」というテーマを掲げたとき、むろん注意を向けられていた自由とは、まずは科学が請け負っている真理への奉仕を適切に遂行するために必要となるような科学そのものの自由のことでした。全体主義国家が自らの手中に収める科学に轡《くつわ》を備え付けるべくあらゆることを行った後では、そのような自由を擁護するための動機は十分にありました。そうした第一の問題に続いて、ただちにそれと密接に結びついた第二の問いが生じました。自由で自立的な科学は、自らを真の自由へと高めつつも、科学以外の生を支える立場を取りうるかどうか、またそうであるとすればそれはいかにしてか、というものでした。つまり、人間の生がそもそも自らの真の自由を求めるとき、科学はそれを支えるために何をなすことができ、また何をなすべきか、という問いであったのです。そうした問いが提起されたとき、ただちに明らかになったのは、決断しなければならない人間が真の洞察によって判断することが、自由な決定に際して重要である、ということでした。人間は自由であるのかどうか。このことは、私人として、また共同体の一員として、あれかこれかの決定を余儀なくされる無数の判断がなされる場合に表れます。言葉に対する洞察を欠いたままそうした判断が下されるのならば、またそうした判断がさらにそのまま実行に移されるだけであるならば、そのような判断を行う人のことを自由な存在だと思う者はだれもいないでしょう。けれども、もしある自由な決定がなされることに関する洞察を重視した場合には、ただちに次のような問いが浮上するでしょう。最も完全かつ方法として練り上げられた洞察、つまり科学としての洞察が、生に関する人間本来の決定を下す際に真の洞察に従おうとする際に人間を支えうるのではないか。この問いが人間の心情を捉えるようになったときに初めて、ただちにそのような心情を通してこの問いがある大きな力を獲得するのだということが、明らかになるでしょう。なぜなら、人間の生に関して種々さまざまによくわからないことがあるということを考慮に入れてみれば、個々の具体的なケースにおいて何を行い、また何をそのままにしておくかということについて、ある確実な拠り所を通して説明されることは、人間にとってこれ以上ないほど魅力的なことであるからです。そうした場合に正確無比な助言によって人間を補助する準備ができている科学などというものがあるとすれば、人間は、個人として――政治的な社会統一を担う指導者であればなおさらのこと――そのような科学をまちがいなく歓迎することでしょう。まさに、この点からみれば、すぐに次のことが要請されることでしょう。「科学が自らの生の機能を正しく遂行するには、科学は、選択の苦しみや無知の苦しみから何らかのかたちでわれわれを解放すべく、われわれの生に関する決断に際して助言をなし、選択の苦しみや無知の苦しみからわれわれを何らかのかたちで解放しなければならない」。このことは、つまり、自由な生の自己形成に科学が関与することを論じるべきであるとされる際の基本思想なのです。今や明らかなことは、それがすでに若い頃のロイター氏を最も強く突き動かした根本的な問いであるということです。なぜなら、ロイター氏が長きにわたって自由な信念に基づいて賛同を示していた政治運動を支えていたのは、あるイデオロギーであり、また最初の一語から最後の一語まで科学的に証明された真理であるという主張や要求とともに立ち現れた綱領に支えられていたからです。そのような綱領によって、今日の共産主義イデオロギーがとくに好んで用いる表現が選択され、またそのようなイデオロギーの要求が基礎づけられました。いわゆる科学としてのこの弁証法的唯物論こそが、社会のいわば自然法則をその隅々に至るまで解明するような科学であるとされたのです。さしあたり人間が社会のそうした自然法則を見通すことができたとすれば、たとえばすでに過ぎ去ってしまった歴史部分をたんに説明できるというだけでなく、前方の未来へと眼差しを向けることになるのであり、またそうした未来がどのように進行していくかをこの法則に基づいて知ることになるでしょう。そのように主張できる人は、幸福を感じるはずです。私が賛意を示したロイター氏の政治的信条は、たとえばたんなる信念を表しているのでもなければ、また社会秩序を改変しようというたんなる意志の表明でもありません。そうではなく、徹頭徹尾、科学によって強化された真理の表明なのです。まさに、この基本思想に基づいて、当時ロイター氏も、人類の過去と未来を判断すべきであると信じておられました。むろん、そうした要請が人間の生を徹底して科学化するという要請が正当なものであるのか、またどの程度そうであるのか、といった問いが、当時、ロイター氏の胸中に思い抱かれていました。いずれにしても、今日の私たちは、選択を迫られる際のあらゆる苦悩を人間から取り去り、現在という歴史的瞬間に何をなすべきかを正確に知らしめてくれるような社会・歴史の科学があるのだという確信を多くの人々が抱いている、ということを知っています。そうです。まさに科学的な認識と政治的な意思形成との関係に関する共産主義的な見解が、これに当たるのです。しかも、いわゆるハンブルク会議において明らかになりましたとおり、科学がそのように生を左右する力を有しているという信念を抱く人々は東側世界にだけ存在するわけではありません。西側世界においてもまた、科学に依拠するという原則を支持する人々がいるのです。そうした人々は、自らが手がけた科学によってまさにそのような成果を上げることができるのだと考えています。ハンブルク会議に出席されていたある外国の教授は、生を導く科学の機能に対する確信をより詳細に基礎づけました。ここではそうした彼の思考の筋道を手短に紹介いたしましょう。第一の定理は、あらゆる問題が科学的な問題設定の形式に置き換えられるのであり、科学的な証明によって適切に解答され、また解決されうる、というものです。ある問題が科学的な形式に落とし込めない場合、その問題は真の問題ではなく、空想上の問題にすぎないということに他なりません。そうした問題が真摯に受け止められるべきものであるかを試すためには、その問いが科学の形式に書き換えられるかどうかを試してみればよい、ということになります。しかし、科学に対するそのような信念が及ぶ範囲の全容が明らかになるのは、説明の対象となる諸問題がたんに理論的なものであったり、存在に関する考察の問題であったりするだけではなく、他ならず生の形成にかかわる実践的なものでもあるというさらなる状況においてであります。そのような実践的な問題の特徴もまた、科学の問題設定のかたちで抽出することができ、また何よりもそのような要請をなした場合にのみ、ある解決が可能となる、という点にあります。科学に対して人間の実践的な生の問題を解決する能力と任務が与えられたときに初めて、必然的に、科学は共産主義者における独自の科学と同様の能力を与えられることになるのです。その能力とは、つまり、未来をまなざし、予言的機能を発揮する、というものです。

先に言及いたしました西側における科学の代表的人物は、予言を行い、操作を行う機能を発揮することが科学の卓越した課題である、と明言しております。科学に対してまずはこうした可能性を見出した後、彼は「科学的情報機関」という名称ほど科学にとって名誉ある呼称はないと考えました。科学は、危険で困難な状況下において正しきを見出し、誤りを避けるためにはどのように振る舞わなければならないかを知ろうとする際の照会先となるような情報機関である、というわけです。ここでは、未来を与える科学が人間に対していつも、正しい生の形成を行うために必要であると信じられている情報を常に提供できるような国家、社会、経済の状態こそが、未来の理想として、また発展の目標として、設定されます。そうして、不安定かつ危険であるようにみえるあらゆることが人間の生から微塵もなくなってしまえば、生の幸福な状態が達成されたことになるとされます。いうまでもなく、この西側の科学を代表する人物は、情報機関としての科学が支障なく自らの任務に当たることができる場合にのみ、問いを提起した人物に適した政治的および社会的な状態が何かを確認しつつそれを支持し、また要請するような情報のみを提供しうるのだということに確信を抱いております。また、情報を提供する科学がたとえば東側の国家システムや社会原則をただちに承認するような回答を提供しうる可能性を彼が考えていたことは、疑いがありません。内容的にみれば西側と東側の立場の間に相反するものがあったとしても、形式的には一致がみられるとされます。そのような一致とは、双方において、つまり、共産主義的教条の擁護者においても、また西側の科学の代表者においても、科学が生を導く力とされうると信じられていることにあります。つまり、やはり最終的には、生の全面的な科学化および人間存在の科学的解明が、発展を通して到達されるべき状態なのだという見解が、双方において一致しているのです。この機会に補足して申せば、西側世界がときとしてより強くこのような傾向を有しており、東西双方がたびたび認めようとしている以上に西側の理念世界が東側のそれと一致をみるということは、両者の類似性の興味深い証明であるといえます。憤慨の対象である敵がしばしばその深遠な根底において繋がり合っているのに、あえてその根底から目を背けようとする、ということは昔からよくある話です。

さて、なぜ私がそもそもハンブルク会議において耳にしたことを通して、会長でありましたエルンスト・ロイター氏という人物についての話の枕にしようとしたのか、と問われるかもしれません。通信機関としての科学、またそうした機関が有する生を導く作用を私がイメージしたとき、否応なく私が思い浮かべたのは、そもそものような機関の保護下に置かれた生において、ロイター氏のような人格がなおも必要とされるのかどうか、それどころか、そもそものような人格の出る幕があるのかどうか、という問いでした。私は次のような結論に至らざるをえませんでした。ここで賞賛したような状態がより完全なものになるほどに、ロイター氏のような人格はますます不必要となるでしょう。なぜなら、そうした人格が未来を見据えつつも不確かな状況とともに生起する危険を犯してなしてきたようなことに、先に述べたような科学であれば確実な情報によって対処するであろうからです。しかし、そのように科学によって統御された人類には、自らの秩序を維持するために、そもそもいかなる機能が求められるのだろうか、と私たちは問うことになります。人類にまず求められるのは、生の状態や生の問題を科学の形式へと変換するための方法的思考です。第二に求められるのは、科学の言明を余すところなく実行に移す責任を担うような、的確かつ順調に進めていくことができる組織です。「敢行（Wagnis）」という名辞によって言い表されるような、人生設計における不確かで不透明な部分が、人間の生から消え去っていくのです。今や、当然のごとく、人生を導く科学の賞賛者や崇拝者は、敢えて行うということがなくなることに、彼らにとっての女神〔である科学〕の美しき勝利を見出すのです。敢えて行わねばならないような不確かさとして人生のうちになお残るものはすべて、発展していく科学ができるだけ早めに除去しなければならない汚点とみなされるでしょう。しかし、皆様、私たちはこう問うでしょう。そのように支配され、あらゆることを指揮下に治める科学へと移行したかのような生は最も本来的な生であるといえるのでしょうか。あるいは、こうも問えるでしょう。生がそのように計算例題に変質してしまうのならば、そうした人生から高鳴る鼓動が抜き取られてしまうということになりはしないでしょうか。

科学的な官僚主義によって導かれる人類といった未来像が思い浮かべられるとき、「滅相もない」と叫ばれることでしょう。そのような状況は、現在においても、また未来においてもありえます。逆に、人類がエルンスト・ロイター氏のような人格をたんに黙認するのではなく、強い熱意をもって歓迎し、決定的な成果をもたらすために投入するような状況になることを、人類は繰り返し何度も経験するでしょう。科学による助言が生に対して成功を手中に収めるための確実性を与えるまでじっと待っているわけではなく、不確かさへと自らの運命を投げ入れ、ここぞというときに正しい決断を下すことを知るような人間がいる場合、そうした人間の冒険心に基づいて、ありがたいことに生は鼓動を高鳴らせます。エルンスト・ロイター氏はそのような人物でありましたので、私は、こうした高位にある人物がそのことを言葉にして発しないことが肝要であると感じておりました。ロイター氏は、そのようにして、人間の生を計算例題へと解消することに全力で努めようとする見解に対する燃えさかる抵抗として作用したのです。実際のところ、私たちに対して生が投げかけてくるあらゆる問題は、少なくともその大半の問題は、科学的な問題の形式に変換されることにまったく馴染みませんし、またそのように求めることもできません。そうではなく、たいていの場合、生が私たちに差し出してくる問題が解決されうるのは、人間的かつ歴史的な時間が責任を請け負う人間に対して投げかける問いに対して、良心の力によって解答する人物が自由に行動することによってのみなのです。当時のロイター氏は真に象徴的な意味へと高められるに値する方であった、と私が述べたとき、念頭に置いておりましたのはこのことでした。

実際、先に挙げさせていただきました二つの教義、つまり東側の全体主義的な教義、そしてかの奇妙な新実証主義の教義は、その実行段階においては内容的にまったく異なるものではあるにせよ、ある過ちを犯しているという点においては一致しています。その過ちとは、すなわち、隅から隅まで科学の支配下にあるような生は自由という貴重な財をすべて放棄してしまう、というものです。しかし結局のところ、人間のために決定を下す科学は、人間自らが創造したものではないか、といった弁明によって、そのような見解に対する気休めを試みることはできますが、それは誤りでしょう。人間の生が科学によって計算例題に変質してしまうであろうこと、またその場合の人間があらゆる純粋に理論的でないことに対して沈黙することを決めてしまうにちがいないことに、変わりはありません。また、そうした人間はあらゆることに対して意志を遠ざけることになるでしょう。そのような意志が関与しなくなるということは、理論の領域においてのみ、つまり抽象的に思考される場合にのみ生じることである、などと考えることはできないでしょう。もしもそのような理論的な止揚に科学を高く評価する教養を結びつける人間が、物事の実権を掌握して、人間存在の共同体を自らの科学的なプログラムに従って構築しようとするならば、理論次元での止揚は、ただちに実践的な生へと移行するでしょう。そのように科学を支配する理論を実践へと置換することをいわば模範的にやってのけたことは、共産主義における世界史的にみたときの功績であると、私は思います。共産主義の権力者たちは、あれほどの熱意をもって次のように主張しているのですから。彼らは、科学の名の下に生に対して形態を与えるのであり、たとえば権力への意志や権力欲などのようなものに基づいているわけではない。科学によって生に形態を与えることは、第一に理論的な正当性を保持したいという意図によるのではないのだ、と。「私たちが行っていることは、私たちの意志によるものではない。厳格な科学が拒絶しえない要請として、私たちに対して指示してくることだけを、実行しているのだ」と人類に向かって主張しうることによって、権力への意志は、少なくとも表面上は気づかれもせず、また操作的でもないかたちで、満たされるでしょう。自らの心を貫徹する権力への意志のために、こうして一つの驚くべき仮面劇が展開されたのです。と同時に、そのような教義に従って活動しようとしていなかった人々を残すところなくあらゆる手段を通じて抑圧し、沈黙させるための強力な一手を、自分のものとしたのです。もうお気づきだと思いますが、あらゆるこうした行いを支配するとされる科学が一方にあり、また他方にはそのような政治的システムのうちに常に繰り返し生じる自由の奴隷化があり、その双方が奥深いところで繋がっているのです。実際に、人間、人間の生、そして人間の共同体の総体が、人類の進む道を次から次へと決定しうると主張する科学に服従するようになるとすれば、人類そのものがある比類なき巨大な客体へと変わることになり、またその部分部分を計測し、その計測に基づいていわば技術的に扱いうる対象へと変わることになるでしょう。そのような状況は、人類のおぞましい事物化です。それは、この種のシステムが支配し始めたところで常に生じるのです。科学であるとされているものの名の下で、ある特定の社会が有無を言わさず受け入れられるべきだとされるならば、その際に予想される帰結は、西側世界にとっては不幸の前兆であると、私は真剣にそのように思います。西側世界においてかの科学による法則化と客体化を奨める人々は、東側の教義に道を切り開こうなどと考えているわけではない、と思われます。ここで問題となっているのは、精神が純粋に展開していくことが重要なのであり、実践において自らの振る舞いがどのような作用を及ぼすかを見通すことができない人類が自己を意義づけることが重要なのだ、などとは考えてはいないでしょう。他ならぬ若き日のエルンスト・ロイター氏がそのような教義と真摯に対峙する時代を生き抜いたのだということを考えるとき、感慨を抑えることができません。ロイター氏の人生におけるこうした事実をいわば見過ごしてしまうことは、根本的な誤りである。そうルドルフ・ハーゲルシュタンゲ氏が述べたことには、まったくの賛同をおぼえます。その一方で、この事実を真摯に受け止める別の理由があります。すなわち、こうした事実から真摯に看取されうるのは、この事実が先に述べた東側の教義を擁護する非常に誘惑的な根拠でもあるにちがいない、ということです。ロイター氏は、表面的な論証に基づいて、あるいは外面上の誘惑によって、何らかの監視所や教義のうちに自らを置くことのない人物でした。ただし、ここで主張された根拠は、良心的な心性や明晰な判断にも一次的に強い揺さぶりを生じさせるようなものであるにちがいありません。このことだけでも、ロイター氏の人生におけるこうした事実を真摯に受け止める理由となります。しかし、さらにそれ以上に私たちに求められるにちがいないことは、ロイター氏の人生におけるそのような出来事を正しく位置づけることでしょう。私たちは、すでにここ数年間において、多くの人々にとってある政治的信条を他の信条に変えるのにそれほどの労力は必要ないのだということを、えもいわれぬ驚きとともに体験してまいりました。エルンスト・ロイターという、深遠な内なる良心をもつ人物が自らの立場を変えたとき、根底を揺さぶるようなことがその人の心情で生じたということは、まちがいないでしょう。若き日のロイター氏が両親に宛てて書いた衝撃的な書簡があります。厳格な保守的市民の家庭における息子であった彼が社会主義党に加わったときの書簡です。そこには、この若者がすでにその頃に、個人として親密であった父母との絆が引き裂かれることがあったとしても、そのことを厭うことなく良心の声に従おうとする抵抗しがたい衝動と不可避の欲求を感じていたことが記されています。当時、両親の元を去ったときにロイター氏が若者として耐え抜いたそうした内なる闘いは、共産主義運動との関係を断ち切ることを決意したときにも、そのまま氏のうちに生じたにちがいありません。しかし、まさにそのことは、（こう表現してよければ）そのような信条転向に対して完全に真摯でなおかつ深い意義を付与するものでもあることを、私たちは知っておりますし、またそのように述べてもよいでしょう。なぜなら、そのような事実に基づいて、私たちは次のように表現してもよいであろうからです。ロイター氏には、長年にわたって実際に社会的正義を完全に体現するであろうと期待していた運動から袂を分かつようになることを可能にした非常に深い経験が、またそのような深みにまで作用する経験があったにちがいない、と。そのような信条転向が魂の痛みを伴って生じる場合にのみ、この信条転向に信憑性が認められることでしょう。それゆえ、私はここであらためて次のことを述べたいと思います。ロイター氏がこうした発展段階を通り抜けてきたことは、隠し立てしなければならないような事実ではなく、氏の活力に満ちた発展の一部であり、氏の人生から消し去る必要のない部分であります。しかし、すでに述べたとおり、ロイター氏がそのような道程を辿ったとき、避けがたく氏をそのような歩みに向かわせるように強く作用した経験があったにちがいありません。そうした経験がどのようなものであったかを知る手がかりは、他ならずロイター氏がベルリン市民、ドイツ国民、そして国際社会に向けてなした数多くの演説のうちに残されています。そのことは、疑いのないことです。なぜなら、ロイター氏がベルリン市民にその遂行を求め、同時代の人々に積極的な協力を要求したとき、常に繰り返しその基盤とされたものがあったからです。それは、自由の理念でした。氏の心情におけるこの理念がそうした力を獲得したことは、大政治の舞台に上る以前の若き学生時代にすでに培われた特定の経験と関連づけられてよいでしょう。私は、ロイター氏が最も深い影響を受けた大学教員がマグデブルクの哲学者ヘルマン・コーネンであったことを、最近になって初めて知りました。コーネンの弟子であったパウル・ナトルプ氏から聞いたところによれば、真に予言に満ちた力を及ぼすこの人物、つまりコーネンの講演を通して、ロイター氏は彼の心情の最も奥深い部分を揺さぶられ、そのときに与えられたものを、彼の全人生を通じて、彼の内的な生をさらに育んでいく財として感じていた、と言います。しかし、ロイター氏がこの二人の哲学者たちのもとで固有の福音として仰いだヒューマニズムを経験したこととは、いったい何だったのでしょうか。それは、カントから継承された人間意志の自由の提唱でした。それは、人間の尊厳に恥ずべき破綻が生じることのないような、侵されざる自由です。今や次のように想像されます。自由と人間の尊厳について常に語りはするけれども、色きらびやかな告白によって日々の実際においてはますます自由と人間の尊厳を軽んじるような政治体制のなかに、ロイター氏は参入していきました。そのとき、自由のそうした理念がひとたびロイター氏のうちにあれほどまでに根を張ったことによって、その理念が実効性のある力となったことは、疑いがありません。ある残酷で耐え難い体制が介入することによって自由と人間の尊厳が傷つけられるのをロイター氏が目にせざるをえなかったとき、個人の尊厳をあれほどまでに真の自由と結びつけた氏が何に苦しんだのかということを、明らかにしなければなりません。ロイター氏は、共産党から離れる道程を歩むことによって、自らを欺いたわけではなく、ある警鐘を鳴らそうとしたのでした。そのことは、これまでのロイター氏の核心部分、すなわち社会的正義の理念を満たすような社会秩序を実現するのだという固い決心をしたことが、そうした共産党からの離反によって揺るがされたわけではない、ということから明らかです。残ったのは、そうした基本的な信条、そして根本の責任でした。共産党の勝利がそのような社会的正義の実現をもたらすのだという見解だけが、彼のうちから消失したのです。しかし、自由の理念を支持するためにロイター氏が歩んだことに決定的な意義を付与するもう一つのことを加えなければなりません。ロイター氏がもっぱら東側の全体主義的な体制への対抗者としてあれほどの成功を収めてたということだけでも、氏には多大な功績が認められたことでしょう。けれども、それだけでは、禁止と防御を果たした功績にすぎなかったといえるでしょう。決定的であったと思われるのは、人間を何度となく事物の連関のうちに入れ込み、事物の連関を支配下に置くことに努める時代において、社会的な威光を放つ人となりが有する何にも比較しがたい影響力というものがある、ということを、ロイター氏が自らの人格と行動によって、否定されざるかたちで証明してみせたことにあります。そのような時代において、百万人都市〔＝ベルリン〕の住人たちを強靭な意志の統一性へとまとめ上げていくことを成し遂げる、まばゆいばかりの活力を放つように感じられる人物に出会うことは、究極の幸運といえるでしょう。そうしたことを完遂できる人物は、政治活動が相当に不確かな状況であるにもかかわらずそのような意志を成功裏に固持することができるということでもあります。そうした人物が示してくれているのは、人生の大問題を解消するのは、通信社的な科学という名の道先案内機関などではなく、自らの運命に向き合う人物による勇気ある介入なのだ、ということです。ロイター氏は、かくして活力ある人間とは何かを示してみせたのでした。このことは、氏がもたらしてくれた非常に大きな贈り物のうちの一部です。今、皆様がこの会場の白い壁にロイター氏を思い浮かべられるなら、そこにあるのはベルリン市民に取り囲まれている氏の姿でしょう。なぜなら、ベルリン市民はロイター氏のベルリン市民であるからです。科学の名を冠した通信社における官僚主義が活力ある行動的な人物に取って代わろうと試みるとき、人間の生がいかに貧弱なものにならざるをえないか。皆様は、ベルリン市民に囲まれたロイター氏の姿を思い浮かべながら、そのことを実感されることでしょう。幸運にも、歴史の力と折り合う活力ある人間とは実際に何を意味しているかということを、歴史は今日に至るまで、私たちに証明してくれています。この会場にお集まりの皆様、したがいまして、ロイター氏に捧げるかのハンブルク会議の課題が、自由と科学の関係をより詳細に検討する契機となりましたことは、ある特別な幸福な事態であったと思われます。ここでおそらく、その際に市役所で開催された結論集約の会議におけるロイター氏の演説から一文を引用させていただいてもよいでしょう。この一文を読み上げるに当たっては、ロイター氏が声高らかに言葉を発したあのすばらしい会合の模様を思い浮かべずにはいられません。「人間の科学的努力によって開示されるのは、人間であろうとし、自由に決断しようとし、また自らの良心の声に従う根本的な力なのです」、とロイター氏は唱えました。本来まさにそうであるように、ある科学が自らの科学的良心に従うことができる場合にのみ、その科学は自らが請け負うことを遂行しうる。ロイター氏の言葉は、そうした科学を支持するという氏の信条告白なのでしょう。とはいえ、この金言の真価は、政治化としてのロイター氏が、それほどまでの活力をもって自ら発展してゆく科学は国家のためにどのような意義を有しているか、と問うことによって、はじめて獲得されることになるのです。さまざまな立場からのあらゆる誤った非難をいわば一撃で防ぐ金言は、そこで発されることになりました。ロイター氏は、次のように述べています。「人間の良心の声に従うべしという、厳しくも、けっして放棄されることのない、そしていかなる代償も厭われない人間の渇望。そうした渇望なしには、国家もまた存在することはできないのです」。ここで確信されているのは、良心によって統御されつつなされる本来の科学的研究が共同的な生の活力のうちに属しているということであり、またそうした科学的研究がなければ国家は存続しえないということなのです。国家はいかにあるべきかと問われるなら、もちろんまず国家は、国家を科学の支配下に置くようなあらゆる試みを拒絶するということになりますが、同時にまた、国家は逆に国家自らに対して科学を恫喝するようなあらゆる試みを禁じなければなりません。とはいえ、たとえば国家と科学の双方が有する存在力が相互に分離してあたかも別々の温床で発展しうるのだ、というような見解をロイター氏が有していたわけではまったくありませんでした。ロイター氏が確信していたのは、独自の良心の明瞭性に基づいて判断を下す科学と、そして国家とが、相互に不可分なものであるということでした。両者の関係がそのようにみなされるとき、通信社および道先案内機関としての科学を国家よりも高く評価されるものとみなして、国家が科学の指示に従わなければならないとするのは妥当ではない、ということがわかります。また同時に、科学を手先として国家よりも価値が低いとみなして、科学がもっぱら国家の意図を基礎づけるべくその求めに応じて奉仕しなければならない、ということも妥当ではありません。科学と国家の関係が健全であるのは、ただ両者が相互に関連し合っているということを確信しており、なおかつ双方ともにもう一方の権利を尊重する準備がある場合であります。学術志向の大学においては、科学と国家の関係をあれほどまでの大きな英知とあれほどまでの規模をもって確定していくことを知る政治家について、好んで語られるようになるでしょう。実際にそうなのですが、自由のなかで自らを統御する国民からなる国家と、自由のなかで研究する精神が行う科学とは、最も緊密であると考えられる結束の関係を通して相互に結びついており、一方が毀損すれば、もう一方も無傷ではいられないという関係にあります。自らの政治生命の試練をあれほどまでにみごとに克服した政治家が、国家と科学との関係をこれほどまでに明晰に判断したことによって、私たちは救われる思いがいたします。ドイツ国家の運命に関するこの暗き時代において、当時ロイター氏がハンブルク会議における演説を締め括った勇敢で確信に満ちた言葉は、私たちをおそらく勇気づけてくれるでしょう。「暴君はその命脈を閉じました。今もなお生きながらえている暴君たちは、彼の死の後を追うことになるでしょう。そして自由が勝利するのです」。皆様、そう述べた人物がこの予言とともにしっかりと保持し続けてきたことの内実を、私たちのこととして引き取りつつ、それを実行しようではありませんか。

# II　現代における生の力としての芸術と技術

ベルリン建築家並びに技術者協会 第一〇四回シンケル記念式典におけるテオドール・リット教授祝賀記念講演

（一九五九年三月一三日 ベルリン国際会議堂において開催）

本日の記念行事に寄せる講演といたしまして、なぜほかならぬこのようなテーマを扱うことを選択したかということにつきましては、容易にご理解いただけるものと思われます。貴協会には、建築家と技術者がいらっしゃいます。一方に建築芸術を、また他方に技術を人生の内実とされている方々がいらっしゃるのであり、双方がここに集っていらっしゃるのです。したがって、有意義と思われるのは、そのような二つの集団を区別するものはいったい何であり、またそれにもかかわらず両者を再び接合するように促すものは何であるか、と問うことであります。

この問いが貴協会にお集まりの皆様にとってのみ重要であるわけではない、ということはまちがいありません。それは、現代における文化全体の状況を危惧するあらゆる人びとにとって否応なく思い抱かれる問いなのです。そのような人びとは少なくないでしょう。「現代文化の自己批判」という主題のもとに分類される数多くの文献は、今日における文化的生活に傾注しているわけですが、まさに私が本日の主題において名指した領域〔＝芸術と技術〕ほど熱意をもって注意が向けられている領域はほとんどありません。芸術と技術は、今日の時代にとって決定的な生の力としていかなる意味を有しているのか。明瞭な答えを得るために少なからぬ努力が払われる問いが、ここにあります。

けれども、そこでただちに反論の声が上がるでしょう。その反論には、にわかには抗しがたいように思われます。洞察に優れた人であれば、技術が現代の生をその隅々に至るまで支配している「力（Machte）」であるとみなされていることに疑念を抱くことはないでしょう。しかし、そうした技術とともに、芸術にもまた同様の「力」が備わっているとすることに賛同を示すとすれば、その人は適切な判断を欠いているとみなされかねません。たしかに芸術に専心する努力が真摯であることやそうした努力が広まることを否認してならないことは、いうまでもありません。けれども、芸術がそのような努力によってこの時代を支配する「力」へと格上げされるという発想は、同時代の批判者たちには受け入れがたいものでしょう。今日という時代は、「技術の時代」と呼ばれるにまさに相応しいように思われますが、この時代を「芸術の時代」と名づけてしまうとすれば、芸術に割り与えられる価値を過大に見誤る試みだとみなされるでしょう。

以上のような事態のうちにあって、本日の主題において芸術と技術を同等のものと捉えることを擁護することによって不当な非難に抗する責務が、私のうちに湧き上がりました。そのことは、芸術に対して、現状における判断では一般に拒絶されている地位を割り与える、ということであります。

芸術と技術を人間的な活動における二つの基本方向として相互に区別したうえで、両者の関係について問うために、今日の人間が囚われている広く浸透した観念の在り方を批判することから始めましょう。私たちにとって、芸術と技術は、二つの人間的な根本能力、性向、活動可能性とみなされています。それらの創造の記録とみなされる諸作品が区別されているという意味においては、まさに両者は別物で、互いに孤立しています。その場合、私たちはたとえば、技術によってもたらされるものは「知性」の成果であり、芸術の創造は「想像」によるものである、とみなしているのでしょう。そのような要素に還元して考える背景には、一八世紀のいわゆる「能力心理学」の諸概念によって特徴づけられた人間の精神生活に対する全体的な把握があります。その心と精神の性質に関していえば、人間とは、明瞭に区別された「心的能力」の統一体とみなされます。そうした各能力は、自らに特別に割り与えられた課題を果たし、自らが有する特別なはたらきを遂行し、またそれぞれに特別に求められるかたちで人間生活の構築に貢献しなければならない、というわけです。そのとき人間が何を果たすと心に決めるかによって、あるいは何がなされないままにされるかによって、先の諸能力のうちのどれが活躍の舞台に上り、その能力に割り与えられた課題を遂行するかが決まることになります。そのような観念の在り方が真摯に受け入れられる場合、人間は、諸「能力」の束として、すなわちそのような能力のうちに現れる「性向」

のアンサンブルとして、この世に生を受ける存在とみなされ、また各能力をそれぞれの性質に応じたやり方で活性化するという課題を設定することのみを生から受ける存在とみなされます。人間は、それぞれの状況や求められることに応じて、自らに与えられた諸「能力」のうちのいずれかを活動させようとする、とみなされます。私たちは、そのような努力の成果や収穫を「客体」というかたちで提示します。そのような客体を通して、「心的能力」は、自らが有する特殊な性質や方向性を知らしめるのです。そこでは、共同の生が、習慣、風習、人倫といった形式と規範によって確立され（そのような生の秩序は、国家、法、社会、経済、教育によって形成されるでしょう）、また学びの建造物としての学問が、そして宗教や哲学における生の意味づけが生起するでしょう。以上のような客体のそれぞれは、自らを通して、人間の基礎的な能力のうちに備わっている個々の能力を表します。そうした能力は、自らの特殊な原動力から発しており、その特殊なエネルギーを通して自らの形態へと精錬されていくのです。そして、芸術の作品も、また技術の構築も、精神のそのような客体の連なりのなかで、それらに相応しい位置を有することになります。両者ともに、特定の「心的能力」の創造物です。そのような能力は、まさにこうした特殊な客体創造そのものにおいてのみ証明されうるのだ、ということになるわけです。

文化現実のそのようなイメージが人類の発展におけるどの段階から読み取られるか、ということを知るのは難しいことではありません。そうしたイメージは、人間のうちに定められたあらゆる可能性を全面的に発展させることを視野に捉えた世代によって構想されました。そのような発展を通して、人間のあらゆる可能性を知り、そして強力になった人類の成熟段階が示され、また際立たせられます。文化の可能性が百花繚乱のごとくに余るところなく実現した状態を目の当たりにした者は、自ずとそうした可能性が客体となる各領域を育む特殊能力を考案するようになるでしょう。

文化を創造する心的能力の複数性という以上の図式が妥当なものであると認められるなら、文化全体が完全に発展し尽くしてその終焉を迎えるに至る生成過程においても、すでにあらゆる決定的なことが定められているということになります。そのような生成過程において、そうした能力が次々と舞台に上り、それぞれの能力の務めを果たすことでしょう。精神が創造していくものの方向性は一気にその全体が露わになるようなものではありません。精神創造の発展において一貫しているのは、人間の心的能力のそれぞれに応じて精神創造が現れる特定の場所が割り与えられているということです。このことは、表層だけしか眺められない観察者においてさえ見逃されることはないでしょう。共同体の形成、言語の創造、古代に対する信頼の自覚、学問の基礎付け、そして文明の拡充は、最後期における精神の現れのうちに属しています。人類の発展を注視する者がそのことを見過ごすことはありません。したがって、ここで繰り返される論述よってもたらされるイメージとは、さまざまな心的能力が演劇の登場人物のように渡し台詞とともに次々と舞台に上り、それらの関係が親和的であるか対立的であるかに応じて、相互に同盟を結ぶのか、あるいは反目し合うというものです。反目し合う場合、事情によっては、ある能力が他の能力によって否認され、不必要なものとされ、また抑圧される結果となるでしょう。実証主義的な歴史哲学のテーゼによれば、人類の発展において、宗教的段階は形而上学的段階によって、また形而上学的段階は科学的段階によって、取って代わられたとされています。このテーゼによって、先ほどの抑圧の図式は簡潔に表現されることになりました。精神の大規模な作用形態がフーガの歌声を組み入れていくようになるのは、文化の全楽曲がそのような作用形態への貢献を求めるようになる場合だけです。フーガを構成する最後の歌声が合唱のうちに引き入れられるときに初めて、精神のポリフォニー全体は鳴り響くようになるのです。

私たちがここで描出してきたイメージは今日に至るまで波及しているわけですが、それだけにいっそうはっきりと述べなければならないのは、人間の生成および本質の像が以上のようなイメージによって救いがたいほどに歪められてしまっているということであります。人間はそのようなイメージによって、文化が入念に創り上げてきた状況全体を、文化の自己保存や自己維持のために要請されるものとして理解することができなくなっているのです。ある人間が自分を見誤っているとき、その人は必然的に自分と折り合い損ねてしまいます。私たちは、そのように繰り返されてきた把握全体の誤りを変えることによって、たんに理論的な明晰性を求めることだけを目的としてはなりません。人間にとって見通し難くなってしまった現存在の錯綜を解きほぐし、交錯し合う生の諸傾向の上演に秩序をもたらすことが、正しからざる自己解釈によって妨げられないようにするために、私たちはそのような把握全体の誤りに立ち向かうのです。

本日ここに集う面々にとって関心の基盤をなしているのは、現代の私たちの問題となっている基本的関係、すなわち芸術と技術の関係に表出しています。後期の成熟した文化の引き継ぎ手である現代人は、精神的な創造形態の多様性が結実していることを客観化物の豊穣な広がりのうちに手中にしています。そのような精神的な創造形態の多様性は実際にどのようにして生じたのか。芸術と技術の関係ほど、その分析を通じてこのことを解明するものは皆無でしょう。芸術と技術の関係は、本来的に、精神が自らの創造の多様性へと展開していくために生じざるをなかった出来事の啓示的なパラダイムにほかなりません。

私は、これから証明されるべきことをテーゼとして先鋭化しておきます。「芸術」と「技術」と呼ばれる精神における両活動は、その源泉において区別されており、また別々の課題に向けられている二つの「心的能力」の表れであり、またその証とされてきましたが、それは誤っています。したがって、それらは「隣接して」いたり、あるいは「連続して」いたりしながら、それら独自の固有性をもって立ち現れてきたようなものでもありません。むしろ、今日の私たちが目の当たりにしているそれらの区別は、ある発展過程を経た後の帰結なのです。私たちは、その発展過程をさらに遡及して追究することになります。そうすることによって、今では別々であるようにみえるものがその内部に迫れば迫るほど相互に絡まり合っていることがわかり、ついには機能分化の影響をまだまったく被っていなかった根源的な状態へと立ち戻ることになるでしょう。それではどのようにしてもともと一つであったものが分岐するに至ったのか、と問われるでしょうが、それに対しては次のように応えられなければなりません。それは、両者が自らの特徴を示し合うような相互対照のプロセスによるものであったのだ、と。芸術と技術の分化が常に先鋭化していく過程において初めて、両者はその方向性の在り方と特徴の独自性へと至るのです。私は、そこに疑義の思考を差し向けることによって、別々のようにみえる両者の方向性をその原初の段階に戻してみたいのです。芸術と技術は、密接に関わり合いながら、また錯綜し合いながら、自己の固有性に辿り着いていきました。もっとも、そのような分化の過程が人間のうちで遂行されていったからといって、そうした過程を把握するためには人間にのみ注目してはならないでしょう。人間が向き合っているもの、私たちが「世界」と呼ぶようなものが、生成しつつある「能力」のうちに宿る独立への衝動に正当性を与えなければ、芸術と技術が分化していく過程はそのようにある目標に向かっていくかのように進行することはなかったでしょう。芸術と技術におけるそれぞれの特殊な機能が統一的な生の基盤から分化していくことが可能になったのは、ひとえにこの世界がそうした分化を強力に肯定し、またその促進を指示することによって、この分化を後押ししたからでした。芸術と技術の分化過程があれほどまでに変わることなく進行したのは、こうした道程における一つ一つの歩みが世界への信頼の高まりによって評価に値するものになっていったからにほかなりません。人間が自らにのみ拠って立っていたとすれば、あるいは自らに対峙しているものによって鼓舞されることがなければ、人間は最初の未分化な状態を超え出ていくことはなかったでしょう。

まさに芸術と技術の関係において、それらの特徴のうちに出現した分化の過程があれほどまでに理想型を描くかのように進行したのはなぜか、と自問してみます。この問いに答えるために、私たちは技術から出発してみたいと思います。というのも、まさに技術において、生が展開していくその全体からの分離や選別がこれ以上ないほどに先鋭化して果たされているからです。

私たちにとって「技術」とは、無機的な自然の素材や力を人間の目的に適うように扱うための方法を案出するための人間の精神的な活動です。そのような方法は、無機的な自然に関する諸事象を数学的な関係へと還元し尽くすことへと――もっとも、それがどれほど成功するかに応じてその達成度は異なりますが――至ります。技術の基礎は、無機的な自然の数学化であるといえるでしょう。したがって、技術をそうした数学化に取り組む科学と、つまり数学的自然科学と接合するような結束が否応なく存在していることが指摘されます。技術は自然科学の理論的成果を実践として「援用する」ものだとはよくいわれるところですが、その場合、ここでいう（科学的）理論と（技術的）実践との接合関係はいまだ厳密に言い表されているわけではありません。実のところ、技術はすでに潜在的には数学的自然科学を含み込んでいます。数学的自然科学における方法上の中核である実験は、自然に対するたんなる観察や熟考ではなく、自然に関する行為です。とはいえ、そのようなものとしての実験は、自然の素材と力と折り合うことができる者にとって容易に行為指針として理解されたり評価されたりする諸情報を提供してくれるものです。そのように、技術と数学的科学は、最も根本的なところで一つのものなのです。

技術はその根本において数学的自然科学と合致しているがゆえに、両者は、生全体から分化する特殊機能の典型例となるような精神の営みであるという特性を共有しています。自然事象の数学化とは、自然の数量化と同義です。数量化とは、自然に接した人間に対して最初に自然が与えてくれる質を否定したり、抑圧したりすることにほかなりません。より正確に言えば、数学的な、つまり数量的な関係は、自然が人間の感覚に対して語りかける際の拠り所となる質の地位に取って代わるものとなります。このことが意味していることが最も明瞭に示されるのは、いわば「より高度な」感覚とされる視覚および聴覚が捉える印象が計量的な科学の介入によってどのようになるかに注目する場合でしょう。色彩の多様な性質は、物理的な光学の次元に置かれると、たんに量的に段階づけられた電磁波の等級へと変化します。音の多様な性質は、物理的な音響学の次元に置かれると、たんに量的に段階づけられた空振の等級へと変わります。計量化する科学は、それが現代の微物理学へと移行していったことによって究極の脱感覚化にまで押し進められました。常に空間と時間のわかりやすい図式になおも留まろうとしていた「古典的」物理学なるものとは異なって、現代の微物理学は、具象的な「モデル」の使用をも駆使してその成果を説明するようなあらゆる可能性をもなくすほどに、感覚的に知覚可能な世界から距離を取ったのです。

そのような科学の地平からは、感覚的な質とともに、さらにもう一つのものが消え失せていきます。それは、感覚に差し出されたあらゆる世界の印象が自らの根幹として内包しているものの意味内容です。脱感覚化された世界は、同時に意味が空虚となった世界です。自然が形式化されすることで生じる数学的関係の抽象的な構造のなかでは、その同じ自然が感覚的・有意味的に体験する存在としての人間に対して「語りかける」あらゆる術も消失するのです。

人間が自然現象を数学的関係の形態へと移し換えるとき、一見したところ、あたかも人間は自分自身と自らが向き合うもの〔＝世界〕の双方を悲しき貧困化という運命に委ねてしまうだけであるかのようにみえます。ことの成り行きをそのようなものとしてしか理解せず、計量化する科学の隆盛を人類における暗黒の時代と嘆くような、現代の文化に対する検閲官もいないわけではありません。実際には、以上で指摘された〔自然の数学化・計量化による〕損害がいったい何によって埋め合わされているのかを認識することは、そう難しいことではありません。思考する精神は、出会われたものを極端に分量化することによってのみ、一方において自然を計算可能にするとともに支配可能にすることができ、他方において、想像をはるかに超える宇宙における星々の広大さや原子における想像不可能な内部空間へと突き進んでいくことができるのです。機能分化というものは、そのような成果によって価値あるものとなるのですから、そのための方法を正当化しようとして当惑する必要などないのです。

しかしながら、もし世界に向き合う人間と、人間に開かれている世界との間に、世界観が分化していくなかで生じた機能分化にその対立項とそれへの信任とを与えるような対応関係がなかったとしたら、機能の独立によって知識と能力の圧倒的な利益があれほどまでにもたらされるようになることは、まったく考えられもしなかったでしょう。もし自然が数学化していく道程が自然によって明確に肯定されることがなかったとしたら、はたして自然の数学化への道に足が踏み入れられ、またその道を弛まず歩み続けられでしょうか。数学的な自然科学が存在するのは、人間が自然を数学化したいと望んでいるからではありません。そうではなく、人間が投げかける問いに対して自然が自ら数学化させられる準備をしているからなのです。もし自然が――このことはまったく想定できないことではないのですが――人間の要求に対して否を突きつけていたとしたら、初発の時点でうまく行かなかったことでしょう。自然科学と技術が最高作品にまでなりえたのは、ひとえにその構築に携わる人びとが絶えず開かれた自然の側からの激励によって鼓舞されてきたからなのです。

それゆえ、人間の「能力」による創造は自然科学と技術のうちにあるのですが、その場合の能力はいわばそうした創造がなされる以前にあらかじめ既成のものとしてあったわけではありません。また、そうした創造によって、能力を実証しようと試みられたわけでもありません。そうではなく、人間の能力は、そのような創造を完遂するための取り組みを通してようやく初めて、今日の私たちがよく知る自立性と確実な目標達成に至ることができたのです。能力の分化は、人間が遭遇した自然と取り組みつつ、また自然の承諾を受け続けながら、人間に対置されるもの（＝世界）を自然科学化することによって再形態化していく程度に応じて、進展していくものです。今日、そのような数学化は、ほぼこれ以上ないほどの完成の域に達しています。したがって、そのような能力の発展に際して駆動力となっている傾向を言い当てることは難しいことではありません。それは、自然を「対象化する傾向」であり、また自然の「客体化」です。数学的に定式化された自然は、究極の精確さを有する客体化された自然です。数学的な方程式において、世界を極端に対象化しようとする意志が勝利しているのです。

さて、ここで描出したような、ある特定の能力が発展していく過程は、とはいえ精神における他のあらゆる傾向を無視して孤立するかたちで進行していくようなものではありません。能力の発展過程は、精神を他のものと結びつけ、また他のものを精神と結びつけるような分化という事象の契機なのです。ある能力が自立化すると、必然的な相関として他の能力の自立化が生じます。ここまで検討してきた選別（＝心的能力が分化していくこと）という事象について、どのような補足がなされなければならないでしょうか。

客体化が進展していく過程で何が最も確実かつ完全に犠牲になっているかを思い起こすとき、この問いに対する答えが得られるでしょう。自然の数学化とは、自然の極端な脱意味化にほかなりません。しかし、そのような科学の地平から消失していくものは、そうした科学を完全性にまで導いていく人間の地平からそれによって無くなってしまうわけではありません。感覚的な世界把握がある自立した能力の進展によって打ち消されようとも、そのような能力の観点から排除されていったものは他に落ち着き所を求め、そこに留まり、それだけによりいっそう切迫感をもって保護と擁護を求めるにちがいありません。世界の脱意味化の傾向に伴って、客体化の領域から締め出されはしたもののそこから分離されてしまったわけではない感性が、自己主張の衝動を生じさせるのです。実際のところ、相互対照の過程がみられるのであり、そのような過程を通して分岐していく能力が自立性を獲得していきます。客体化の能力が感性の撤廃によって自らの方向性を獲得していくのと同様に、感性的に世界を把握する能力は、客体化の所業から離反することを通して、自らの特性の意識するようになるのです。

〔心的能力が〕相互否定することを通して自己確認をなしていくそのような過程は、幸運にもある最高度の精神史的テキストによって明らかにすることができます。それは、ゲーテの色彩論です。彼がひときわ重要とみなしたこの著作の卓越した力は、ニュートン的な物理光学への抵抗から、つまり、当時初めてその完成にまで上り詰めた数学的自然科学の主要な成果への抵抗から生まれたものであるということに基づいています。ゲーテが憤慨して反論したのは、まさにそうした科学に起因して生じた世界の脱感覚化でした。計量化する科学の帰結に基づいて、自然が非常に多様な質に溢れた感性的な現象であるとするのはたんなる見かけ上の表層的なものにすぎないと過小評価されることが、あまりにも頻繁にありました。ゲーテにとっては、このことはあらゆるものを育む神聖なる自然に対する浅はかな冒涜とみなされました。感性的な世界の側面をそのように否認することは、感覚的な質とともにそのなかに見え隠れする「意味」をも消滅させてしまうがゆえに、ゲーテにはなおさら弾劾に値するものにみえたにちがいありません。なぜなら、数学的自然科学は、数量化によって魂を抜かれる以前の自然であれば人間に語りかけるであろう「言葉」を、そのような感覚と意味の空虚化によって、聴き取り不可能なものにしてしまったからです。自然は、人間にそのような「言葉」を発しなくなってしまい、計量する知性にとっての意味を失ったデータの足場となるのです。

以上のように、ゲーテの色彩論は、少なくとも自然が自らの感性的な自己啓示を通して科学による自然の空虚化をはねのける抗議なのです。人間は、感性的かつ感覚的に体験する存在として、感性を拒絶する思考主体としての自分自身に異議申し立てを唱えるのですが、ゲーテの色彩論は、その際に拠り所となる抗議以上のものにほかなりません。人間は、ただ諸機能の厳格な分化を通して、すなわち、ただ根本的な生の内実からの脱却を通して、人間自身の精神的な任務を果たします。そのために、人間が耐えざるをえない痛みが感性のなかに発生してしまいます。そのことをひとたび認識した者なら誰でも、ゲーテの色彩論が世界史的なテキストとしての重みを有していることを否定することはないでしょう。彼の色彩論は、これまでずいぶんと過小評価され、また誤認されてきたのです。

自然を客体化する能力が補充されることによって生じる精神的な活動が現れるとき、私たちは否応なく直接的に芸術へと導かれていくのを感じます。ゲーテの作品は、そのような認識まであとほんの一歩のところに位置しています。例の相互対照の過程においては、一方で計量化する自然科学が自らの完成へと突き進み、他方で芸術が、それ相応の独立性を強めながら、自らの使命に対する意識に目覚めます。その使命とは、計量化する科学の勝利によって感性的な世界観から引き離され、ますます抽象化された領域に世界の中核と現存在の意味内容を求めることに慣れきってしまった世界を、芸術で満たさなければならない、というものです。世界が感性的な側面を有していることについての省察へとゲーテを駆り立てたのは、まずは色彩一般ではなく、ある特定の機能を有した色彩でした。ゲーテがそのように述べていることに気づくとき、私たちはゲーテ自身から決定的な示唆を受けるのです。ゲーテによれば、彼が出発点としているのは、画家の色彩であり、つまりは芸術の要素としての色彩でした。感覚によって満たされるような、感性的に認識可能な世界の質ともいうべき色彩の意味は、生まれつつある芸術作品のなかで色彩が果たしている機能という明証性をもって明かされるのだ、ということが、そこで十分に正当性をもって納得されるのです。芸術作品は、感性的な世界の側面の全体をそれとして特徴づけるものを、これ以上ないほど高度で、なおかつ反論の余地がないほどの雄弁さをもって明確に示します。その点に、芸術作品の使命があり、また尊厳があるというわけです。そのような芸術の特徴とは、いまだ計量的な構造のうちに形式化されていない世界が人間に対して注意を喚起し、そうした世界そのもののために要請するような「言葉」が、これまでにないほどの説得力をもつようになる、という点にあります。芸術家の作品において、精神的な創造の才能に恵まれた者たちのインスピレーションからしか生じえない最大限の説得力ある言葉が獲得されるのです。

　ゲーテは、そのように芸術の要素としての色彩を通して色彩の本質を解明することによって、とりわけ啓発的なある特殊事例をとりあげつつ芸術の本質および使命を明らかにしようとした考察に表現を与えました。古典時代〔＝ゲーテが生きた時代〕の詩人や思想家は、ゲーテの表現のもとに登場したのです。ある感覚的な自然を精神的な創造性と統合する存在だけが、したがって感覚の内容以上のものを感性的な形態にしまい込む能力を有する存在だけが、芸術という形式において、鋭くまた楽しみながら人生を十分に生き抜くことができる。古典時代の詩人や思想家は、みな一致してそのように説くのです。自然は、意味を帯びた色彩をもって人間に語りかけます。人間は、自然の語りかけに対して、意味に満たされた感覚的な造形物によって応答する能力を有し、またそのような使命を与えられている存在です。自然は、そのような存在としての人間に呼びかけるのです。芸術とは、感覚に呼びかけようとする世界の現象が招いてくれる対話を人間が受け入れることであり、またそのような対話を高めていくことです。ここでもまた、客体化する思考の「能力」を補う「能力」の独立が、遭遇する世界からの促しによって目覚め、また自らの道を進んでいくことを鼓舞されます。精神の一方と他方の活動が、同一の世界から刺激と認証を与えられるのです。

いかなる芸術の営みも、世界の感性的な形態と分かちがたく結束しています。そのことは、現代人に対してとりわけ強調されなければなりません。というのも、現代においては、そのような結束が解かれているわけではないにしても緩みつつあるようにみえる芸術的な制作物の形式が生じているからです。現代には、「抽象的」で「対象をもつ」ことなく創られる芸術が存在します。そのような芸術が解釈される際には、今日の芸術が感性の領域から常にますます遠ざかりつつある、という主張がみられるようになっています。それどころか、現代芸術の非感覚性と呼ばれうるものに、現代物理学が到達した数量に縮減された世界の極端な脱感覚性との類似性をみようとする向きもあります。以上のような考察の内容には、次のような反論がなされるでしょう。現代の芸術は、世界の現象とあれほどまでに近接している具象的な芸術作品と同じくらい、それを観る者の諸感覚に切実に訴えかけるものを創作しているのではないか。そのことを抜きにしては、この世界の物事が私たちの感覚の前に立ち現れる形態から現代芸術が解離している、ということを明らかにし、また証明したことにならないのではないか、と。芸術というものは、芸術が感性的な意味を完全に断念してしまうその瞬間に、芸術であることを同時に止めてしまうものです。「自然の形式から芸術の形式が解放されること」は、感性から解放されることではまったくないのです。

それと同様のことは、詩の創作にもみられます。詩の創作内容を現実から遠ざけたり、唯心的なものにしたりすることによって、やはり徹底して、感覚によって捉えられる世界から距離を取ろうとしているようにみえる作者たちがいるのです。そのような詩の作品についても、次のように言えるでしょう。芸術の領域においては、そうした作品がその内容を言語の形式に止めることができるかぎりにおいて、市民権はそうした作品にあるのだ、と。そうした言語の形式が作用するために非常に重要な役割を果たしているのは、言葉が有する感性的な刺激です。そうした刺激がなければ、詩と呼ばれているものは、雑談や、あるいは論究へと変貌してしまうでしょう。

つまり、芸術における昨今の方向転換がみられるからといって、感性を輝かせるような能力と、感性を否定する思考の能力の双方が、互いを自立していく方向へと誘うように刺激して促すような一つの世界から生じているということには、何らの変化もみられません。両者ともに、二つを分離していく対照的な方向性を損ねることなく、その根幹を共有しているがゆえに関連し合っています。私たちがそうした分化を進行させていく発展を遡り、世界との遭遇の開始が忘却の闇に消失してしまうようなその地点に辿り着くことによって、このことはいっそう確かなものとなるでしょう。双方の能力の間に越境することのできない分断が生じているにもかかわらず、機能を相互に区別し合うような分化が起こる以前に存在していたであろう人間と世界との関係を想念することがなお可能です。人間精神における二つの創造物による教示のおかげで、そのような想念が可能になります。一つは、今もなおそれが創造された最初の日のままの活き活きとしたかたちで私たちのまさに中核に位置しています。もう一つは、再構成を司る想像力という才知を通して現代人の視野に入ってくるものです。前者は言語であり、後者は神話です。後に開花していくであろう文化のあらゆる萌芽を内包している生の状態では、いかなる萌芽も原初の世界体験の統一性をことの成り行き以上に早期に分断してしまうことが許されるような特別なものにはなりえません。どれほど言語や神話がそうした生の状態を証してくれるのかを解明することは、ここで扱える範囲を超えています。精神のうちに最初に内包されていたものや準備されていたものが創造を通して完全に展開してできあがった花冠が最終的に確信されるためには、何世紀にもわたる文化の発展過程がもたらすのと同程度の労苦と歓喜が求められることになるでしょう。そのような過程の経過全体が鳥瞰されるとき、能力が相互に分離して徐々に自立へと至る道程が、またその結果として最終的に自らに固有の指令にのみ従う科学と、独自の生を営む芸術が生じて、そのような分化の過程が完了したことが明確に示されるようになる道程が、辿られることになるのです。

成熟しきった文化の担い手である私たちにとって、神話の方法にしたがって後に分離していく精神の機能を生全体の意味統一性のうちにまとめあげていた原初的な生の状態に立ち返ることは、容易なことではありません。したがって、まさにここで扱われている両機能の系譜を辿ることによって、その起源からしか理解されえない創造の原初形式にまで遡及できることは、幸いなことであるといえます。ここで注目したいのは、氷河期における人間の創造物です。その完成品は、私たちに対して、そのような創造物が発生したのはいったいなぜなのかと問うように迫ります。目下のところ洞窟に描かれた動物壁画の発見が増えておりますが、世界を再現することへの素朴な喜び、すなわち原始的な「芸術」が生み出されたことをそうした動物壁画のうちに見出せるのだと、まずは感じられることでしょう。そのような絵画は、世界連関についての原初的な解釈の全体から誕生したものではあります。しかし、実際には、その解釈は、感性によって捉えようとする衝動に基づきつつも、絵画が有するさまざまな魅力のうちのたった一つのものを有しているにすぎません。そのような図像の創作者にとって重要であったのは、「魔術的」な作用でした。そうした作用のおかげで、感覚的な絵のうちに描かれたもの――この場合は狩猟の対象となる動物――は、絵に模写されたものが現実の動物に似たものになればなるほど、描き手がそうした動物をより確実に手中に収めることができるとされました。つまり、そのような絵画を生み出したのは、形成することへの特別な衝動などではなく、世界を包括的に解釈しようとする直感でした。芸術的な衝動からほど遠いこうした描写への意欲と、生の色彩豊かな反映に魅せられた後年における芸術家の創作欲求との間には、大きな隔たりがあるのです。

芸術的創造のそうした「魔術的」な原型と対をなすものは、「技術的」実践と呼んで何ら差し支えないであろう道具の製作および使用に関するある種の前史的な在り方のうちに、見て取ることができます。前史的な道具の製作や使用を「技術的」実践と呼ぶのは、まったく当を得ないかもしれません。というのも、儀礼的な催しに道具が捧げられることによって道具が何であるかが定められるまでは、道具の製作者はしばしばその有用性を信頼しようとしなかったからです。芸術の魔術的な起源に応じているのは、技術の魔術的な起源です。双方の活動には、自らの根拠を有している共通の包括的な世界観があるのです。世界の側面を分裂させたに等しいほどの課題区分というかたちで芸術と技術の関係が秩序づけられるに至るまでには、何世紀もの時間が流れています。一方には選りすぐられた豊富な形態を有した〔芸術という〕世界があり、他方には数学的な関係理論に縮減された〔技術という〕世界があります。両者は似ておらず、それらが同一の世界像に由来するなどと信じられるようなことはほとんどありません。

諸能力の解放が完遂されるために生じざるをえなかった分断がどれほど深いものであったかが納得されるとき、まさにそうした能力が極端に自立化していることのうちに、つまり共通の生の基盤からそれらの能力が決定的に分離していることのうちに、そうした能力の衰退の開始と迫り来る解体の兆候を見て取る者たちが心気症的な陰鬱を患っていると診断されるべきであることが、わかるでしょう。悲観的な文化哲学にとって、精神の発展による自己分化は、精神の発展による自己破壊と同義です。そうした文化批判の影響は小さくありません。

以上のような近代批判者たちが迷い込んでしまった悲観的な推論に至ることなく、文化の自己分化によって人間にもたらされる困難や紛糾を説明することは可能であると、私は思います。芸術的な体験と客体化する思考とが分離したことで両者の均衡が崩れてしまっていることは、疑問の余地がありません。その兆候を、技術と芸術に認められる意義がきわめて不平等な評価を受けていることから、私たちは知ることができました。しかし、そのような〔芸術と技術の〕均衡の崩れや凋落の予兆を前にして諦念してしまう代わりに、両者の均衡を再生するために何を生じさせうるかということを考えた方がよいのではないでしょうか。そのように問うならば、技術の脇に追いやられてしかるべきとされている芸術、それどころかそのようなものとして定められているかにみえる芸術が、いかなる意味において現代的な生の「力」としてあえて肯定されるのか、ということが明らかになるでしょう。そのような調整を遂行することが実際の状況として解釈されるのであれば、そのような調整を行うことが誤りであるということが容易に証明されることでしょう。なぜなら、自然科学的思考および技術的行為の偉大な功績のなかで成長してきた現代人の心のなかで自然科学や技術に与えられている重心性はほんとうに並外れたものであるからです。自然科学的思考と技術的行為は、それらを至るところで適用可能な世界を手懐ける方法の地位へと格上げし、それらから分離してしまった世界と折り合うあらゆる形式をとうに時代遅れになってしまった手続きの残滓へと格下げするためのまさに最善の方法なのです。そのような思考法による指示に人が屈する場所であればどこでも、感覚によって媒介された世界現実の側面は、虚偽の、またそれゆえ訂正を必要とする表面的な光景であるとして低く評価されます。このことは、実際に生じていることによって自ずと理解されるでしょう。

しかし、私たちはそのような発展を傍観するだけでよいのでしょうか。ゲーテの時代以降、感性によって受容された世界観を数学的に縮減することによって、感性的な世界観に対する信頼を解消しようとすることがますます多くなりました。そうであるほどに、感性的な世界観の無効化に対してゲーテが行った抵抗が、ますます重要性を帯びているのです。そのような抵抗の意味と必要性が理解されるほどに、感性的な世界現象を保持したり強化したりすることを旨とする力――この力は、当然のことながら、それを補完する対抗の力を無効化するわけですが――をそれへの対抗作用として召還するほかはないと、ますます強く感じられることでしょう。芸術がその治癒力を人類に対してすでに証明してみせた、というわけではありません。そうではなく、私たち人間存在の形容しがたい貧困化の犠牲とならないために、私たちが芸術を必要としているのです。技術に対して芸術を同等の「力」として並列させたときに私たちが表現しようとしたことは、このことであったのです。

芸術は、生の全体から解き放たれたことによって、そうした生の全体に対する貢献をなす能力を自ら奪ってしまったのだ、などと反論してはなりません。芸術が完全独立していく過程を経た後も、芸術は、計量化する科学が背を向けるような世界の〔感性的な〕自己表出を、それ独自の能弁さによって支持することを放棄したわけではありません。それどころか、計算の精神が無慈悲にも視野の外へと押しやってしまうような世界現実の特徴を明るみに出すことが重要とされる場合には、芸術は、ほぼすべてを見通さんばかりの機知を発展させていくのです。芸術のなかには、視覚に問いかけながら、慈しみをもって何よりも世界の感覚的な現象の全体を捉えるために必要とされるであろう感覚に呼びかけるものがあります。そうした芸術は、それゆえに感覚現象の最も直接的な守り手とみなされます。先ほど述べたことは、そのような視覚的芸術にのみ当てはまることではありません。それと同様に、聴覚にかかわる芸術、つまり、意味を宿している感覚的なるものよりも、感覚的なるもののうちに隠見する意味の方にメッセージの重点を置くような芸術にも、そのことは当てはまります。なぜなら、そうした芸術においても、音色や響きが、感覚性を媒介することによってのみ人間精神に打ち明けられるような秘密を伝達してくれるからです。芸術というものは、どの形態においても、諸感覚の門を通って人間に流れ込んでくる印象を、感覚的かつ超感覚的な的確さで捉え、保持し、より高度の意義にまで高めるように努めるものです。したがって、芸術とは、ゲーテが熱く弁護しようとしたあの世界の感覚的仮象への忠誠に対する偉大な、そして何にも代えがたい擁護者であり守護者なのです。

　芸術には、計量化する科学によって理論で抑えられてしまった〔感性的な〕世界観に、その権利と正当な評価を獲得させることを主要課題とする力がある。私たちがそのように認識するとき、古典時代の諸解釈、とりわけカントによる解釈においてその範型が示され、とくに芸術に期待されたり要請されたりするものに関する日常の判断にとって今もなお基準であり続けているような芸術の意義づけから、袂を分かつことになるでしょう。古典時代の解釈によれば、「想像力」と呼ばれる「能力」の生産物を芸術作品のうちにみるべきであるとされます。そのような能力に帰属するとされるのは、現実世界とは別の、つまりすでにそこにあるものとみなされている世界とは別の、第二の「想像された」世界をさらに生み出すという課題や権能です。こうしたイメージを特徴づけているものは、まさに「二世界論」と呼ぶにふさわしいものです。そのような世界観に囚われているかぎり、芸術は、気休めや感動を目的として、人間を現実世界から逃避させ、第二の想像的な世界へと連れて行くことを課題とすることになるでしょう。芸術の本質と作用をそこに見出す人においては、人間に付与された諸器官を活性化することを芸術に期待することはできません。そのような人は、客体化によっていまだ浸食されていない芸術の形態のなかに、想像的な世界も、ましてや現実の世界も捉えることもできないでしょうし、芸術との協調を求められてもそれを達成することはないでしょう。そうした人にとっては、芸術と関わることとは、現実世界から想像上の世界へと逃避することとそう変わりがないのですから。

そのような芸術のイメージから袂を分かつときにのみ、まさに私たちの世界が、つまり現代の世界が芸術によって与えられなければならないものは何か、ということが視野に収められることになるでしょう。いずれにせよ、芸術が現実世界の枠内に自らの場所を有していないとして、芸術によってもたらされるものを「想像的」と呼ぶとしても、人間と現実世界との関係がかくも不安定となった状況下において、芸術が人間を支えるのだという考えを排除する必要はありません。

想像の高まりを通して「現実的」な世界の感覚的な側面を可視化すること、また、そうした側面に割り与えられた人間の感受性を獲得させることによって〔二つの力の〕どちらをも脅かすような無視や衰弱を阻止し、それとは逆向きの動きを通して解消するように努めることが、うまくいったとします。そうしたとき、芸術は人間を想像的な世界へと逃亡させるのではなく、現実世界のなかにあらためて根付くことになるでしょう。それによって、芸術は、技術が自己拡大しようとする衝動と均衡を保つことが不可能ではないような「力」であることを証明したということになるでしょう。

本講演の出発点に立ち戻り、自問してみます。貴協会は、自らの集会や活動を通して、本日とりあげた精神の二つの傾向の関係をどのように考えていらっしゃるのか。貴協会が建築家と技術者の集まりであるということは、私が考察した現代における二つの力が、その相違にもかかわらず、というよりもそうした相違のおかげで、密接に関わっているのだという見解の表明といってよいでしょう。二つの力が分化していった結果、一方が他方に勝り、また他方を通してその一方が独自の特徴を獲得していきました。そうした分化の進行とともに、二つの力は自らの独立へと突き進んでいったのです。その際、二つの力の拡張に責任をもって当たる者たちにとって、経験と計画との繰り返しのなかで二つの力が相互依存し合うという意識が活発であり続けるということほど望ましいことはありません。双方のグループの相互扶助的な関係が一つのグループの内部に小さくまとまって凝縮したかたちで繰り返される場合に、そのような両者の相互接近はとくに明白になります。建築家と技術者の邂逅のうちに芸術と技術の邂逅が表出しているとみなされるとき、そのような邂逅は、建築家のなかでもう一度、またより緊密なものとして、実現されるでしょう。なぜなら、建築家が創り出すものにおいて、まさに芸術的に創作する精神と技術的に構成する精神が想定されうる範囲で最も密に結びつくことになるからです。おそらく、円熟した文化は、芸術という賜物と技術という恩恵を切断してしまうことなく、それらを区別するような厳密さを有しています。建築家の活動において生じていることほど、そうした厳密さを説得的に示しているものはありません。とはいえ、両方の能力が建築家の心のなかで手を携え、緊密な共同作業を行いつつも、分離に向けた弛まぬ努力を介して練り上げられていった最低限の独自性を放棄しない場合にのみ、建築家は自らの義務を遂行することができるのではないでしょうか。

# あとがき

共編訳者の一人小笠原は、一九九九年二月、広島大学教育学部教育学科教育哲学研究室主催の最終講義をおこなった。タイトルは、教育思想家の戦争責任―テオドール・リットの場合―であった。

手元に残されている資料をみると、問題提起として「何故、最終講義にこのテーマを選んだのか」として三点あげている。第一は、一九二〇年代、世界の教育学研究を席巻した「精神科学的教育学派」（A・フィッシャー、Ed・シュプランガー、Th・リット、H・ノール、W・フリットナー等）と戦争責任、とりわけナチズムとの関係は、同調から抵抗まで実に多様で、抵抗の極にTh・リットが位置すること。第二は、世界観的体系としての国家社会主義（ナチズム）に対するTh.リットの論拠はなにであったのか。いかなる原則からTh.リットは対決をおこなったのか。第三は、ナチ支配

（一九三三—四五）を体験し、それを個人的に耐え抜いた残響がその後のTh.リットの研究活動（著作）にいかに示されているかである。

本論として、一、Th.リットの人物像（略歴と著書目録）として写真、直筆書簡、そして一九〇四年にボン大学に提出したラテン語の学位論文、二、ナチズムとの関係問題を問う場合として、（一）リット個人に関する伝記的な観点（Chronik）（二）事柄に関する内容的な観点（三）戦後リットの主要な関心と作品、結論として、三、戦争責任ということで、Th.リットは「過去の克服」をどのように受けとめたのか、そして歴史意識の再覚醒の必要性を訴えるリットの提言て最終講義を結んだ。

この最終講義の模様は、翌日の『中国新聞』に写真入りで紹介され、「二八〇人もの参加者が熱心に聴き入った。」と記されている。

今回のテオドール・リット論 小笠原道雄・山名淳編纂訳書『弁証法の美学——テオドール・リット最晩年の二つの記念講演から——』は、二十年前に掲げた自己の最終講義の問題提起にひとつの結論を導き出したように考えている。

二十年の歳月。時代の変容。思想（家）研究の時熟性の必要を実感している。

最終講義で特にTh.リットを取りあげたのは、旧広島文理科大学教育哲学研究室を築かれた長田新（一八八七―一九六二）先生、稲富榮次郎（一八九七―一九七五）先生そして杉谷雅文（一九一〇―一九九二）先生の学統を末席で受け継いだ者の必然の事柄であり、最低の責任でもあった。この感慨は今日に至っても不変である。

諸先生が築かれた教育哲学研究の核心には、豊かな歴史意識に支えられたTh.リットの時代状況に対峙する鋭い批判と人間主体としての自由に関する揺るぎない確信があり、それらが人間リットに対する敬愛の基底をなしていたのではないか。

末尾ではあるが、学術書の刊行が極めて厳しいなか、われわれのTh.リット研究に対して普遍の支援を惜しまない東信堂の下田勝司社長に満腔の謝意を表したい。

編纂訳者の一人　小笠原道雄

二〇一九年十一月三日　文化の日

著者紹介

原著者紹介
テオドール・リット（Theodor Litt 1880-1962）。ドイツの哲学者、教育学者。
ライプチヒ大学教授、学長（1931-32）を歴任するもナチズムに抵抗し辞職。戦後の 1945 年請われて復職するが占領下の旧ソヴィエト体制と軋轢を生む。1947 年、旧西ドイツ・ボン大学の招請をうけて教授に復帰。主な著書に『歴史と生』『個人と社会』『ヘーゲル』『指導か放任か―教育の根本問題―』『自然科学と人間陶冶』『歴史意識の再覚醒』『職業陶冶・専門陶冶・人間陶冶』『東西対立に照らした科学と人間陶冶』等。1954 年、連邦政府学術功労賞叙勲 , 1955 年、大統領星十字大功労賞授与。

編纂訳者紹介
小笠原道雄（おがさわら みちお 1936年生まれ）。広島大学名誉教授、ブラウンシュバイク工科大学大学名誉哲学博士（Dr.Phil. h.c.）。ボン大学客員教授歴任。主な著書に『現代ドイツ教育学説史研究序説』『フレーベルとその時代』『精神科学的教育学の研究』” Pädagogik in Japan und in Deutschland―Historische-Beziehung und aktuelle Probleme―” Leipziger Universitätsverlag.

山名 淳（やまな じゅん 1963 年生まれ）。東京大学大学院教育学研究科教授。主な著書に『ドイツ田園教育舎研究―「田園」型寄宿舎制学校の秩序形成―』『夢幻のドイツ田園都市』『災害と厄災の記憶を伝える―教育学は何ができるか』（共編著）等。

弁証法の美学　テオドール・リット最晩年の二つの記念講演から

2019 年 12 月 15 日　初 版　第 1 刷発行
〔検印省略〕
定価はカバーに表示してあります。

編纂訳© 小笠原道雄・山名淳／発行者 下田 勝司
印刷・製本／中央精版印刷

東京都文京区向丘 1-20-6　郵便振替 00110-6-37828
〒 113-0023　TEL (03) 3818-5521　FAX (03) 3818-5514
発行所
株式会社 東信堂

Published by TOSHINDO PUBLISHING CO., LTD.
1-20-6, Mukougaoka, Bunkyo-ku, Tokyo, 113-0023, Japan
E-mail : tk203444@fsinet.or.jp　http://www.toshindo-pub.com

ISBN978-4-7989-1589-0 C1030 

# 東信堂

|  |  |  |
|---|---|---|
| ハンス・ヨナス「回想記」 | H・ヨナス 盛永・木下・馬渕・山本訳 | 四八〇〇円 |
| 責任という原理—科学技術文明のための倫理学の試み（新装版） | H・ヨナス 加藤尚武監訳 | 四八〇〇円 |
| 原子力と倫理—原子力時代の自己理解 | Th・リット 小笠原道雄編 | 一八〇〇円 |
| 科学の公的責任—科学者と私たちに問われていること | Th・リット 小笠原・野平編訳 | 一八〇〇円 |
| 歴史と責任—科学者は歴史にどう責任をとるか | Th・リット 小笠原・野平編訳 | 一八〇〇円 |
| 弁証法の美学—テオドール・リット最晩年の二つの記念講演から | Th・リット 小笠原・山名編訳 | 一八〇〇円 |
| 生命科学とバイオセキュリティ—デュアルユース・ジレンマとその対応 | 四ノ宮成祥 河原直人編著 | 二四〇〇円 |
| 医学の歴史 | 今井道夫 石渡隆司監訳 | 四六〇〇円 |
| 安楽死法：ベネルクス3国の比較と資料 | 盛永審一郎監修 | 二七〇〇円 |
| 死の質—エンド・オブ・ライフケア世界ランキング | 丸祐一・小野谷加奈恵・飯田亘之訳 | 一二〇〇円 |
| 生命の神聖性説批判 | H・クーゼ著 飯田・石川・小野谷・片桐・水野訳 | 四六〇〇円 |
| 医療・看護倫理の要点 | 水野俊誠 | 二〇〇〇円 |
| 概念と個別性—スピノザ哲学研究 | 朝倉友海 | 四六四〇円 |
| 〈現われ〉とその秩序—メーヌ・ド・ビラン研究 | 村松正隆 | 三八〇〇円 |
| 省みることの哲学—ジャン・ナベール研究 | 越門勝彦 | 三二〇〇円 |
| ミシェル・フーコー—批判的実証主義と主体性の哲学 | 手塚博 | 三二〇〇円 |
| カンデライオ（ジョルダーノ・ブルーノ著作集 1巻） | 加藤守通訳 | 三二〇〇円 |
| 原因・原理・一者について（ジョルダーノ・ブルーノ著作集 3巻） | 加藤守通訳 | 三二〇〇円 |
| 傲れる野獣の追放（ジョルダーノ・ブルーノ著作集 5巻） | 加藤守通訳 | 四八〇〇円 |
| 英雄的狂気（ジョルダーノ・ブルーノ著作集 7巻） | 加藤守通訳 | 三六〇〇円 |

（哲学への誘い—新しい形を求めて 全5巻）

|  |  |  |
|---|---|---|
| 哲学の立ち位置 | 松永澄夫 鈴木泉編 | 三二〇〇円 |
| 哲学の振る舞い | 松永澄夫 村瀬鋼編 | 三二〇〇円 |
| 社会の中の哲学 | 松永澄夫 高橋克也編 | 三二〇〇円 |
| 世界経験の枠組み | 松永澄夫 伊佐敷隆弘編 | 三二〇〇円 |
| 自己 | 松永澄夫 浅田淳一編 | 三二〇〇円 |

|  |  |  |
|---|---|---|
| 画像と知覚の哲学—現象学と分析哲学からの接近 | 小熊正久 清塚邦彦編著 | 二九〇〇円 |
| 経験のエレメント—体の感覚と物象の知覚・質と空間規定 | 松永澄夫 | 四六〇〇円 |
| 価値・意味・秩序—もう一つの哲学概論：哲学が考えるべきこと | 松永澄夫 | 三九〇〇円 |
| 哲学史を読むI・II | 松永澄夫 | 各三八〇〇円 |
| 言葉の力（音の経験・言葉の力第I部） | 松永澄夫 | 二五〇〇円 |
| 音の経験（音の経験・言葉の力第II部）—言葉はどのようにして可能となるのか | 松永澄夫 | 二八〇〇円 |

〒113-0023 東京都文京区向丘 1-20-6 TEL 03-3818-5521 FAX03-3818-5514 振替 00110-6-37828
Email tk203444@fsinet.or.jp URL:http://www.toshindo-pub.com/

※定価：表示価格（本体）＋税

| | | |
|---|---|---|
| いま、教育と教育学を問い直す—教育哲学は何を究明し、何を展望するか | 森田尚人・松浦良充 編著 | 三二〇〇円 |
| 教育的関係の解釈学 | 坂越正樹監修 | 三二〇〇円 |
| 教員養成を哲学する—教育哲学に何ができるか | 林泰成・山名淳・下司晶・古屋恵太 編著 | 四二〇〇円 |
| 大学教育の臨床的研究—臨床的人間形成論第1部 | 田中毎実 | 二八〇〇円 |
| 臨床的人間形成論の構築—臨床的人間形成論第2部 | 田中毎実 | 二八〇〇円 |
| 人格形成概念の誕生—近代アメリカの教育概念史 | 田中智志 | 三六〇〇円 |
| 社会性概念の構築—アメリカ進歩主義教育の概念史 | 田中智志 | 三八〇〇円 |
| 空間と時間の教育史—アメリカの学校建築と授業時間割からみる | 宮本健市郎 | 三九〇〇円 |
| アメリカ進歩主義教授理論の形成過程—教育における個性尊重は何を意味してきたか | 宮本健市郎 | 七〇〇〇円 |
| ネオリベラル期教育の思想と構造—書き換えられた教育の原理 | 福田誠治 | 六二〇〇円 |
| 学びを支える活動へ—存在論の深みから | 田中智志編著 | 二〇〇〇円 |
| グローバルな学びへ—協同と刷新の教育 | 田中智志編著 | 二〇〇〇円 |
| 教育のあり方を問い直す—学校教育と社会教育 | 福島裕敏・松本大・森本洋介 編著 | 二九〇〇円 |
| 子どもが生きられる空間—生・経験・意味生成 | 高橋勝 | 二四CC円 |
| 流動する生の自己生成—教育人間学の視界 | 高橋勝 | 二四〇〇円 |
| 子ども・若者の自己形成空間—教育人間学の視線から | 高橋勝編著 | 二七〇〇円 |
| 文化変容のなかの子ども—経験・他者・関係性 | 高橋勝 | 二三〇〇円 |
| アメリカ 間違いがまかり通っている時代—公立学校の企業型改革への批判と解決法 | D・ラヴィッチ著 末藤美津子訳 | 三八〇〇円 |
| 教育による社会的正義の実現—アメリカの挑戦（1945-1980） | D・ラヴィッチ著 末藤美津子訳 | 五六〇〇円 |
| 学校改革抗争の100年—20世紀アメリカ教育史 | D・ラヴィッチ著 末藤・宮本・佐藤訳 | 六四〇〇円 |
| アメリカ公立学校の社会史—コモンスクールからNCLB法まで | W・J・リース著 小川佳万・浅沼茂監訳 | 四六〇〇円 |

**越境ブックレットシリーズ**

| | | |
|---|---|---|
| ⓪教育の理念を象る—教育の知識論序説 | 田中智志 | 一二〇〇円 |
| ①知識論—情報クラウド時代の〝知る〟という営み | 山田肖子 | 一〇〇〇円 |
| ②知識・女性・災害 | 天童睦子 | 続刊 |

〒113-0023 東京都文京区向丘 1-20-6 TEL 03-3818-5521 FAX03-3818-5514 振替 00110-6-37828
Email tk203444@fsinet.or.jp URL:http://www.toshindo-pub.com/

※定価：表示価格（本体）＋税